Tadeuš Borovski
OPROŠTAJ S MARIJOM

REČ I MISAO
KNJIGA 526–527

Urednik
JOVICA AĆIN

S poljskog preveo
UGLJEŠA RADNOVIĆ

Objavljivanje ove knjige pomogla je
AMBASADA REPUBLIKE POLJSKE
u Jugoslaviji

TADEUŠ BOROVSKI

OPROŠTAJ
S MARIJOM

IZDAVAČKO PREDUZEĆE „RAD"
BEOGRAD

Izvornik

Tadeusz Borowski
POŻEGNANIE Z MARIĄ

OPROŠTAJ S MARIJOM

I

Iza stola, iza telefona, iza heksaedra kancelarijskih knjiga – prozor i vrata. U vratima dve staklene ploče, crne, blistave od noći. I još nebo, pozadina prozora pokrivena podbulim oblacima, koje vetar sateruje podno okna, prema severu, izvan zidova spaljene kuće.

Spaljena kuća se crni s druge strane ulice, nasuprot kapijice sa zaštitnom mrežom koja se završavala srebrnastom bodljikavom žicom, po kojoj kao zvuk po struni klizi ljubičastai odblesak treperave ulične svetiljke. U pozadini gromovitog neba, desno od kuće, obavijene mlečnim klobucima prolaznog dima lokomotive, patetično se ocrtava ogolelo drvo, nepokretno u vihoru. Mimoilaze ga natovareni teretni vagoni i s treskom produžavaju na front.

Marija podiže glavu od knjige. Tračak senke ležao je na njenom čelu i očima i slivao se duž obraza kao prozračni šal. Stavila je ruke na pečurku koja je stajala među praznim flašama, tanjirima s nedojedenom salatom, ispupčenim grimiznim čašicama s modroplavim nožicama. Oštro svetlo, koje se prelamalo na granici predmeta, upijalo se kao u tepih u plavi dim koji je obuhvatio sobu, odbijalo se od krhkih, lomljivih ivica stakala i treperilo u unutrašnjosti čašica kao zlatan list na vetru – nabreklo je kao struna na njenoj ruci, a ona se kao osvetljena kupola čvrsto zatvori iznad njega i samo su ružičaste linije između prstiju skoro neprimento pulsirale. Slabo osvetljena soba ispunila se intimnim mrakom, te se on skupio kod njenih ruku i smanjio se kao školjka.

– Gledaj, nema granice između svetla i senke – šapnu Marija. – Senka se kao plima primiče nogama, okružuje nas i stešnjava svet samo za nas: samo smo ti i ja.

Nagnuo sam se prema njenim usnama, prema sitnim ispucalim delovima kože sakrivenim u njihovim kutićima.

– Pulsiraš od poezije kao drvo od soka – rekoh u šali, stresajući glavu od nesnosnog pijanačkog šuma.

– Pazi da te svet ne rani sekirom.

Marija je otvorila usne. Između zuba jedva je podrhtavao vršak jezika: osmehivala se. Kad je prstima jače pritisla pečurku, blesak koji je ležao na dnu njenih očiju potameno je i ugasio se.

– Poezija! Za mene je to tako neshvatljiva stvar kao slušanje oblika ili dodir zvuka. – Nagnula se zamišljeno na naslon kanabeta. U polusenci, crveni tesni pulover poprimio je purpurnu sočnost i samo se na prevojima nabora po kojima je klizilo svetlo blistao u jarkocrvenoj, paperjastoj boji.

– Ali samo poezija ume verno da prikaže čoveka. Mislim: punog čoveka.

Zabubnjao sam pristima po staklu čašice. Odazvala se krhkim, kratkotrajnim zvukom.

– Ne znam, Marija – rekoh slegavši sumnjičavo ramenima. – Mislim da je mera poezije, a možda i religije, ljubav čoveka prema čoveku, koju one bude. A to je najobjektivniji kriterijum stvari.

– Ljubav, naravno, ljubav! – reče Marija zaškiljivši očima.

Napolju, iza spaljene kuće, širokom ulicom koju je delio skver, škripali su tramvaji. Električni bleskovi osvetljavali su ljubičasto nebo, probijali su se kroz mrak kao prskotine modrog požara magnezijuma, oblivali mesečevim svetlom kuću, ulicu i kapiju i tarući se o crna prozorska okna slivali se po njima i bešumno gasili. Trenutak kasnije gasila se i visoka, tanka pesma tramvajskih šina.

Za vratima, u drugoj sobi, opet su pustili gramofon. Prigušena melodija, kao da je svirana na češlju, gubila se u nesnosnom struganju razigranih nogu i grlenom smehu devojaka.

– Kao što vidiš, Marija, osim nas postoji i drugi svet – nasmejao sam se i ustao sa kanabeta. – Vidiš, to je tako. Kad bi se mogao razumeti ceo svet, osetiti ceo svet, videti ceo svet kao što se razumeju svoje misli, oseća svoja glad, vidi prozor, kapija u dvorištu i oblaci iznad kapije, kad bi se sve moglo videti istovremeno i konačno, tada – rekoh premišljajući se, napravivši krug oko kanabeta i zaustavivši se kod razgrejane peći između Marije, kaljevih pločica od majolike i vreće s krompirima kupljenim za zimu – tada ljubav ne bi bila samo mera već i krajnja instanca svih stvari. Nažalost, prepušteni smo metodu iskušavanja, usamljenom, varljivom doživljaju. Kako je to samo nepotpuna, kako lažna mera stvari!

Vrata od sobe s gramofonom se otvoriše. Njišući se po taktu melodije uđe Tomaš, naslanjajući se na ženino rame. Njen jedva primetan ali već više meseci stamen trbuh budio je neprestano interesovanje prijatelja. Tomaš priđe stolu njišući iznad njega svojom ogromnom, ispupčenom, masivnom glavom kao u vola.

– Slabo se staraš jer votke nema – reče s blagim prekorom, dobro osmotrivši posuđe, i dok ga je žena gurala, otplivao je prema vratima. Gledao je u nju kao u ikonu. Govorilo se da je to profesionalno, jer je trgovao lažnim Koroima, Noakovskima i Pankjevičima. Osim toga, bio je urednik sindikalnog dvonedeljnika i smatrao je sebe levičarem. Izašli su na škripav sneg. Kolutovi hladne pare razvukli su se po podu kao čupava povesma belog pamuka.

Za Tomašom su u kancelariju dostojanstveno ušli igrački parovi, pospano su se zavrteli oko stola, pločica od majolike i krompira, oprezno obilazeći muzge ispod prozora i, ostavivši crvene tragove od sveže namazanog poda, vratili se onamo odakle su i izašli. Marija se diže od stola, popravi automatskim pokretom kosu i reče:

– Moram već da idem, Tadeuše. Šef je molio da ranije počnem.

– Imaš još skoro ceo sat vremena – odgovorih.

Okrugli časovnik firme s ugnutim limenim brojčanikom ravnomerno je kucao, obešen o dugi kanap, između napola ravijenog plakata, crteža imaginarnog horizonta i kompozicije rađene ugljem, koja je predstavljala ključaonicu, kroz koju se video fragment kubističke spavaće sobe.

– Uzeću Šekspira, potrudiću se da pripremim *Hamleta* za predavanje u utorak.

Prešavši u drugu sobu čučnula je kraj knjiga. Polica je bila grubo sklepana od nerendisanih dasaka. Daske su se povijale pod teretom knjiga. U vazduhu su lebdeli plavi i beli pramenovi dima i širio se težak miris rakije pomešan sa zadahom ljudskog znoja i krečnim smradom vlažnih, natrulih zidova. Na njima su se njihali, kao rublje na vetru, drečavo obojeni kartoni i poput morskog dna propuštali svetlost šarolikih linija meduza i korala kroz plavu paru. U crnom prozoru, ograđen oknom od noći, zapleten u tanku čipku zavese iskamčene za budzašto od neke lopovice sa železnice, tužni, pijani violinista (koji je mislio da je impotentan) uzalud je pokušavao da cviljenjem instrumenta zagluši krčanje gramofona. Pogrbljen kao pod vrećom cementa, sa sumornom istrajnošću izvlačio je iz violine samo jedan pasaž. Već je dva sata vežbao za nedeljni pesničko-muzički koncert. Tad je nastupao sav umiven, u svečanom prugastom odelu, lice mu je bilo melanholično a oči pospane, kao da je note čitao iz vazduha.

Na stolu, na čaršavu sa crvenim cvetovima, dobijenom na prevaru od lopovice sa železnice, među čašicama, knjigama i načetim sendvičima, lezale su gole i prljave Apolonijeve noge. Apolonije se ljuljao na stolici i okrećući se prema drvenom kauču obojenom krečom zbog stenica, na kome su ležali polupijani ljudi gušeći se kao ribe na pesku, govorio je prodornim glasom:

– Da li je Hristos bio dobar vojnik? Ne, pre bi se reklo da je bio dezerter. Bar su prvi hrišćani bezali iz vojske. Nisu hteli da se suprotstavljaju zlu.

– Ja se suprotstavljam zlu – reče lenjo Pjotr. Ležao je zavaljen između dve razdrljene devojke i čeprkao je rukama po njihovoj kosi. – Skini noge sa stola, ili ih operi.

– Operi noge, Polak – reče devojka kod zida. Imala je debele, pune butine i crvene, mesnate usne.

– Gle, šta biste hteli. Znate, bilo je neko vandalsko pleme, veoma plašljivo – nastavio je Apolonije oborivši petom tanjire na gomilu – svi su ih tukli, pa su ih iz Danske ili Mađarske izgnali u Španiju. Tamo su Vandali seli na brodove, krenuli u Afriku i došli pešice do Kartagine, gde je biskup bio sveti Augustin, onaj od svete Monike.

— A tada je svetac otišao na magarcu i preobratio Vandale — reče onaj mladić kod peći, pućnuvši iz lule. Nadimao je punačke, ružičaste obraze pokrivene zlaćanim maljicama kao breskvini plodovi. Ispod očiju je imao velike modrice. Pijanista je duže vreme živeo sa pijanistkinjom s prekrasnim rupicama na licu i grabljivim, strasnim pogledom. Letos smo ga krstili (jer je bio starokatoličke ispovesti) kraj zapaljenih sveća, rukoveti cveća i lavora hladne, osvećene vode, kojom mu je snalažljivi sveštenik dobro pokvasio glavu, a odmah posle krštenja izbegli smo uličnu raciju na najprometnijem mestu Grujecke. Venčali smo ih ne tako brzo, tek u kasnu zimu. Roditelji im nisu dali blagoslov, jer je u pitanju bio npriličan brak. Popustili su, doduše, dali su im spavaću sobu i klavir za vežbanje i kuhinju za proizvodnju domaće rakije, ali nisu hteli da pozovu na svadbu prijatelje, pa su prijatelji sami priredili veselje. Mlada u krutoj plavoj haljini sedela je nepomično u fotelji kao da je progutala oklagiju, Bila je pospana, umorna i pijana.

— Prijatno je tu kod vas, veoma prijatno, znaš? — Jevrejka, koja je pobegla iz geta i te noći nije imala gde da spava, klekla je pored Marije kraj knjiga i zagrlila je. — Čudno je to, odavno nisam imala u ruci četkicu za zube, sendviče, šolje sa čajem, knjige. Znate, to je teško i definisati. I stalno imaš ono osećanje da moraš otići. Ja se panično bojim!

Marija je ćutke pomilova po ptičjoj glavi ukrašenoj sjajnim talasima zalizane kose.

— Pa vi ste bili šansonjerka! Valjda vam ništa nije nedostajalo. — Imala je na sebi žutu haljinu ukrašenu hrizantemama, sa izazovnim dekolteom. Iz njega je koketno virila čipka kombinezona krem boje. Na dugom lančiću njihao se između grudi zlatan krstić.

– Nedostajalo? Ne, nije nedostajalo – odgovori s bleskom čuđenja u suznim, kravljim očima. Imala je široka, bujna bedra, dobra za rađanje. – Shvatite, sa umetnicima su čak i Nemci drugačije... – tu je prekinula i zamislila se gledajući tupo u knjige. – Platon, Toma Akvinski, Montenj – dodirivala je grimizno lakiranim noktom iskrzane hrbate knjiga kupljenih na uličnim kolicima-tezgama i ukradenih iz antikvarnice.

– Samo ste videli ono što sam ja videla iza zidova...

– Augustin je napisao šezdeset tri knjige! Kad su Vandali opkolili Kartaginu, upravo je radio na korekturi i umro je pri tom! – reče Apolonije kao manijak. – Posle Vandala nije ostalo ništa, a Augustina čitaju i danas. *Ergo* – tu on podiže ruku s raširenim prstima prema plafonu – rat će proći, a poezija će ostati, a s njom će ostati i moje vinjete!

Ispod tavanice sušile su se na konopcima korice pesničke zbirke. Iz njih je zaudarala jaka štamparska boja. Svetlo se probijalo kroz crne i crvene površi pakpapira i zaplitalo se između stranica kao u šumskom čestaru. Korice su šuštale kao suvo lišće.

Jevrejka priđe gramofonu i promeni ploču.

– A ja mislim da će i sa arijevske strane biti geto – reče gledajući iskosa Mariju. – Samo iz njega neće biti izlaska. – Otplovila je igrajući, pošto ju je Pjotr ugrabio.

– Ona je nervozna – reče tiho Marija. – Njena porodica je ostala iza zidova.

Igla je zapala u pukotinu na ploči i monotono zavijala. U vratima je stajao rumeni Tomaš. Njegova žena je popravila haljinu na lako zaobljenom trbuhu.

– „Još samo nekoliko teških oblaka koje nije rasterala konjska nozdrva" – poče da recituje i pokazavši rukom prema dvorištu, kapiji, viknu s osećanjem: – Konj, konj!

U krugu zlataste svetlosti iznad vrata zaslepljujuće beo i gladak sneg ležao je kao tanjir na pepeljastom stolnjaku, malo dalje, u senci, siveo je i modreo, odražavao je nebo, i tek se na kraj kapije prelivao u blesku ulične lampe. Teretna kola, kao natovarena senom, stajala su u mraku, nepokretna poput planine. Crveni fenjer klatio se ispod točkova, ostavljajući na snegu uzdrhtale senke, osvetljavajući noge i potrbušinu konja, koji se činio viši i zdepastiji nego obično. Iz njega su se širili kolutovi pare, kao da je disao na kožu. Obesio je glavu, bio je umoran.

Kočijaš je stajao pokraj kola i strpljivo čekao udarajući se rukama u grudi. Kad smo Tomaš i ja otvorili krila kapije, mašio se bez žurbe za bič, mahnuo je kajasima i coknuo. Konj je podigao glavu, trgnuo je celim telom u stranu, ali kola nisu krenula. Prednji točkovi su zapali u ulični slivnik.

– Drž' beštiju za njušku i gurni nazad – rekoh znalački. – Odmah ću da stavim dasku u slivnik.

– Bista! – viknu kočijaš navaljujući na rudu.

Žandarm u plavom ogrtaču, koji je čuvao susednu zgradu bivše gradske škole, koja je bila puna kao zatvor „dobrovoljaca" za rad u Prusku, udarajući tupo potkovanim čizmama o kamenje na trotoaru, došao je iz pravca ulične svetiljke. Na grudima mu je visila baterijska lampa obešena o kaiš. Uključio je kontakt i ljubazno osvetlio.

– Previše je starudije natovareno – reče umesno. Ispod štitnika šlema, iz duboke senke njegove oči su, iznad pruge svetlosti, blistale oštro poput vučjih. Svaki dan ujutru, dolazio je u kancelariju da telefonira u vezi sa smenom straže i neizostavno je referisao da se ništa važno u toku noći nije desilo.

Konj je frknuo, postavio se na zadnje noge, pritisnuo telom unazad i kola su krenula po kaldrmi. Sad je konj povukao napred. Kola natovarena do vrha kao dereglija koferima, zavežljajima, posteljinom, nameštajem i zvečećim posuđem od aluminijuma klateći se ušla su preko dasaka u dvorište. Žandarm je ugasio baterijsku lampu, popravio na sebi kaiševe i ravnomernim korakom se udaljio prema školi. Obično ju je mimoilazio, dolazio bi do crkvice palotinaca (delimično izgorele u septembru 1939. i brižljivo ali neprestano obnavljane tokom cele sezone materijalom iz naše firme) i skretao bi kod trošnog zida pored utočišta za nezaposlene, koje je bilo smešteno u nekadašnjim fabričkim halama, odmah pored železničke pruge. Bila je to prometna pretovarna luka jer su tu stizali u balama i pojedinačno ćebad, štofovi u komadima, topla odela, muške čarape, konzerve, servizi, zavese, stolnjaci i peškiri, kao i sva druga dobra pokradena iz teretnih vagona koji su išli na front, a i ona kupljena od osoblja sanitetskih vagona, koji su se, vraćajući se sa fronta sa časovnicima, hranom, ranjenicima, rubljem i delovima za mašine, nameštajem i žitom, često zadržavali na stanici i na pristanišnom molu.

Kočijaš je ošinuo još jednom bičem tek da se malo obodri, povukao konja i prišao natraške do drvene šupe. Konj je dahtao i dimio se od pare. Pošto ga je kočijaš ispregao s oporom nežnošću, malo je postojao uz rudu kao da je bio premoren, najzad, oštro poteran, krenuo je ka česmi i zagnjurio gubicu u kofu. Ispivši do dna, srknuo je vode iz druge i vukući za sobom am pošao prema otvorenim vratima štale.

– Dosta si dovezao, Olek – rekoh osmotrivši dobro sadržinu teretnih kola.

– Sve je naredila da uzmem – reče kočijaš. – Gledaj, natovario sam čak hoklice iz kuhinje i police iz kupatila. Stara mi je stajala kao kerber nad glavom.
– Nije se bojala usred bela dana?
– Dozvolu za nju dobio je zet od svog kolege – reče Olek. Lice mu beše koščato, izmršavelo, stegnuto od mraza. Zbacio je kapu. Kosa, ulepljena od kreča, zamrsila mu se iznad čela.
– A kćerka?
– Ostala je s mužem. Svađala se sa starom da mora ostati još jedan dan. – Pljunuo je u žilave, iskrvavljene dlanove izjedene od cementa, kreča i gipsa. – Da, sad ćemo da skidamo.

Popeo se na kola, raspleo konopce i počeo da dodaje jedno za drugim stolice, vaze, jastuke, korpe s rubljem, staromodne kutije, knjige povezane kanapom. Ja i Tomaš smo ih hvatali i sa četiri ruke unosili u memljivu, mračnu šupu, smeštajući robu na beton između vreća s napola skamenjenim cementom, hrpe crnog ter-papira koji je smrdeo na smolu i gomile suvog kreča za prodaju na malo seljacima. Kreč je u vidu sitnog praha lebdeo u vazduhu i nesnosno nagrizao nozdrve. Tomaš je dahtao grčeći se. Bio je srčani bolesnik.

– Recite mi zašto ju je šef uzeo kod sebe? – upita kočijaš završivši istovar.
– Napravila je od njega čoveka, pa hoće da joj se oduži. – Zatvorio sam vrata od šupe i zaključao ih katancem.
– Zahvalnost je lepa stvar – reče Tomaš. Disao je ravnomerno, udišući duboko vazduh. Zahvatio je sneg šakama i trljao je njime ruke. Obrisao ih je o pantalone.
– E pa... naradio sam se danas – reče kočijaš silazeći s kola. Nije mogao da se slobodno kreće u kožu-

hu pokrivenom skramom kreča, smole i katrana. Naslonio se na kola, s olakšanjem je šmrknuo i obrisao čelo rukom. – Gospodine Tadek, šta sam sve tamo video, ne biste poverovali. Deca, žene... Iako su jevrejske, ipak...

– Ali ste nekako srećno izišli?

– Inženjer nas je video usput. Hoće li nešto biti od toga?

– Ali – rekoh s omalovažavanjem – šta nam mogu te šeprtlje? Ako šef hoće da kupi filijalu, moraju s njim lepo, zar ne? Poći ćeš ujutro na jednu turu. Kubik kreča na crno. Vratićeš se pre sedam.

– Da, treba da ga ujutro izvadim iz jame. Idem da namirim konja. – Pošao je za životinjom u štalu. Prolazeći pored kancelarije skinuo je kapu.

U zlatnom krugu svetlosti, kao u oreolu, kao opkoljena dlanovima sive noći, koja je svetlucala zvezdanim prstenom, stajala je Marija. Zatvorila je za sobom vrata da se ne bi čuli muzika i ljudi, i sa iščekivanjem gledala u mrak. Stresao sam prašinu sa ruku.

– A šta ćemo sutra s pretakanjem i razvoženjem? – Uhvatio sam je ispod ruke i po škripavom, čvrstom snegu poveo utabanom stazom prema kapiji. – Kako bi bilo da pričekaš do podne. Zajedno ćemo razvesti.

Stajali smo kod otvorene kapije. Pustom ulicom, otvorenom treperavim svetlom ulične lampe šetao je tupim korakom žandarm u plavom ogrtaču, koji je čuvao školu. Iznad ulice, iznad svetla lampe, iznad kosog krova šupe koja se pripila uza zid šumno je strujao vetar, nosio dim vozova, jurili su perjasti oblaci, a iznad vetra i oblaka drhtalo je nebo duboko kao dno crnog potoka. Mesec je svetlucao kroz oblake kao zlatna pruga peska.

Marija se nežno osmehnu.

– Znaš dobro da ću sama da ravezem – reče prekorno pružajući mi usne na poljubac. Veliki crni šešir zaklanjao joj je lice kao krilom. Bila je za pola glave viša od mene. Nisam voleo njene poljupce u prisustvu nepoznatih ljudi.

– Vidiš, presnički solipsisto, šta može ljubav – reče veselo Tomaš. – Jer ljubav to je žrtvovanje. Govorim ti iz svog velikog iskustva jer sam imao mnogo ljubavnica.

Sumrak koji potire crte čoveka davao mu je masivnost i težinu kao da je Tomaš bio grubo istesan iz kamena. Mladež ispo levog oka crneo se vragolasto na monumentalnom licu, koje kao da je bilo istesano iz sivog peščanika.

– Naravno, ljubav! – prsnula je u bezbrižan smeh Marija i napravivši elegantan kniks, otišla je ulicom duž mreže, u susret oblacima koje je vetar gonio iznad naših glava. Prošla je pored crnoberzijančeve radnje, gde sam kupovao hleb i krvavicu za doručak. Nestala je iza ugla na osvrnuvši se. Gledao sam za njom još koji trenutak kao da sam u vazduhu sledio njen trag.

– Ljubav, naravno ljubav! – rekoh Tomašu osmehujući se.

– Daj kočijašu rakije ako imaš pod krevetom – reče Tomaš. – Hajde, treba se zbližiti s narodom.

II

Noću je palo malo snega. Pre nego što sam zvanično otvorio kapiju dajući znak da je otpočeo dan trgovine, otpremivši pijance i počistivši sobu, kočijaš koji je ustao pre zore stigao je da izvadi kreč iz jame i da ga odveze na gradilište, a kad se vratio sa vožnje, ispregao je konja i uklonio tragove točkova u dvorištu. U tako rana jutra napolju je bilo još sivkasto, a na ulici pusto. Sa železničkog koloseka dopirala je škripa vozova. Žandarm patroldžija posiveo je i smanjio se u mraku što je nestajao, koji ga je ostavio na obali opustele ulice kao zaboravljenu algu. U prozorima bivše škole počeše da se pojavljuju glave zatočenih ljudi. U crnoberzijanskoj radnji, pored skladišta, grejali su se kraj užarene furune dva policajca u plavim uniformama. Žmirkajući crvenim očima kao pijanac, dućandžija je razmeštao drhtavim rukama na tezgi iza stakla sir, prekrupu i hleb. Seljanka je izvukla iz kotarice kolutove kobasica, koje su nestajale ispod tezge u duplom zidu. Kroz zamrznuta okna cedila se siva svetlost zore. Niz zarđale rešetke slivale su se prljave kapi, monotono su padale na dasku prozora i u tankom mlazu curile na pod.

Leti, ujesen, zimi i uproleće ulica – slepa, kaldrmisana koja smrdi na trulež otvorenih slivnika, ulica izgubljena između polja mekog kao istrunuli leš i niza trošnih kućica s parterom, koje su obuhvatale perionicu, frizersku radnju, radionicu sapuna, nekoliko dućana s prehrambenom robom i mračni bar – iz dana u dan se nadimala od nabujale, zatalasane gomile koja je dolazila do betonskog zida škole, isturala svoja lica prema modernim prozorima, prema krovu pokrivenom crvenim crepom, dizala glave, izmahivala rukama i derala se. Iz otvorenih prozora škole su vikali, davali znake belim šakama kao sa broda koji se udaljava od obale. Kao sputana nasipom, gomila je kroz dva reda policajaca oticala koritom ulice, odlazila je sve do trga što se nalazio na njenom izlazu, odakle je, prijatan za pogled, pucao vidik na zapuštene plićake na reci, obrasle žbunićima okrzanog šiblja i pokrivene izretka lišajima snega, na most iznad magle što je ležala na svetlucavom toku reke, na žute, pastelne kuće grada koje su se topile u čistom, mirnom, plavom nebu – komešala se očajnički na trgu i opet vraćala s vikom.

Crnoberzijanski dućan bio je mali tihi zaliv. Uz čašu domaće rakije od repe bratimili su se za šankom policajci sa seljacima i trgovali ljudima iz škole. Noću su policajci izbacivali kroz prozor škole *robu,* koja je ili nestajala u uličnim budžacima, ili je, uz stravične povrede, prelazila preko bodljikavih žica na zemljište naše gradjevinske firme, gde je tumarala sve do jutra, jer je kancelarija, naravno, bila zatvorena. Obično su to bile devojke. Vukle su se bespomoćno po dvorištu razgledajući gomile peska, hrpe gline, heksaedre cigala, opeka od strugotine, knjigovezačkih kalupa, zalazile su u pregrade s tucanikom, čije su razne nijanse i veličine bile upotrebljavane za izradu stepenica i nadgrobnih spomenika i tamo su bezbrižno obavljale nuždu. Probudivši se izbacivao sam ih napolje s puno obzira, a koristi od ovog prljavog posla, osim policajaca (i verovatno nepristupačnog žandarma, kome su bili tuđi prozaični ljudski problemi) izvlačio je isključivo sused dućandžija. Međutim, on nije osećao ni obavezu ni potrebu da bude zahvalan. Iz dana u dan navraćao sam kod njega po četvrt ražanog hleba, deset deka i dve deke maslaca. Po pravilu, nije mi dodavao na meru, a cenu je dobro zaokruglio. Stidljivo se osmehivao, ali mu je ruka drhtala kad je kupio novac.

Najzad, on nije dolivao do vrha deci domaće rakije, nije dodavao na deku maslaca, sekao je hleb na neravne delove i cedio je nemilosrdno iz seljaka novac za svaku devojku ilegalno puštenu ispod ruke, jer je hteo da živi sam, imao je ženu, sina u drugom razredu gimnazije i ćerku šiparicu, učenicu ilegalnog liceja, koja je osećala primamljivu draž haljina, lepotu dečaka, ukus učenja i čar konspiracije. A građevinska firma je prodavala i seljacima i inženjerima štriclu, skamenjeni cement, mešala je kreč s vodom, a mastiks s peskom, a pri prijemu vagona s robom konstatovala je, uz prećutnu saglasnost železničkog magacionera, veliki manjak, što je odmah unošeno u knjige. Službeni dostavljač je ćutao kao zaliven, jer je s firmom imao neke lične račune koji nigde nisu knjiženi.

Građevinska firma! Ona je kao strpljiva krava muzara davala svima izdržavanje. Njen zakoniti vlasnik, trbonja sapet u kockastom prsluku s priveskom na satu, patrijarhalno sedi inženjer s klinastom bradicom, nervozan kao apoplektičar, izvlačio je iz nje u vreme velike gladi (kad smo jeli otpatke i sledovani hleb sa solju) debele pare, kao mleko iz vimena, za izdržavanje žene bogomolje koja je trošila novac na prosjake, crkve i redovnike i na sina erotomana, proširio je skladišta u centrali, iznajmio je plac koji je ostao od firme izgorele u septembru 1939. i osnovao na njemu filijalu svog preduzeća, kupio je dvorske kočije, zaprežnog konja sa striženim repom, iznajmio kočijaša, kupio za pola miliona zemljišni posed u okolini prestonice, doduše malo zapušten ali pogodan za lov (imao je, naime, dobar komad šume) i za industrijalizaciju (posedovao je glinu). Najzad, u trećoj ratnoj godini, otpočeo je i uspešno vodio pregovore sa Istočnom Nemačkom železnicom u vezi sa zakupom i proširenjem svog železničkog koloseka i izgradnjom pretovarnih magacina kraj njega.

Isto tako povoljno se ocrtavla perspektiva Inženjerovih radnika. Doduše, okupacijsko zakonodavstvo je zabranjivalo Inženjeru da isplati nedeljnu platu veću od 73 zlota, ali je Inženjer desetini svojih ljudi davao po sopstvenoj inicijativi skoro sto zlota nedeljno, bez odbijanja troškova, poreza i dažbina. U vanrednim slučajevima, kao što je odvođenje porodice u logor, bolest ili racija – nije nimalo izbegavao svoje obaveze. Tri meseca je finansirao moje studije na tajnom univerzitetu, postavljajući samo jedan uslov – da učim za Otadžbinu.

Filijala je drugačije bila ustrojena. Kočijaši su prodavali kreč na ulici, dovozeći na gradilište nepune kubike. Pravili su privatne ture. Naizmenično su krali. Ja sam u početku iz skladišta iznosio u korpi štriclu i kredu i prodavao ih u okolnim prodavnicama sapuna, ali kad sam sa šefom uspostavio srdačnije odnose, uortačio sam se s njim, podelio teren rada i dogovorio se o načinu knjiženja. Povezivala nas je takođe proizvodnja domaće rakije u šefovom stanu, koju sam ja finansirao. Prepustivši mi lavovski deo iz prodaje na malo, šef se potpuno predao velikim poslovima, koristeći firmu kao tranzitni punkt, a telefon skladišta kao pouzdan način komuniciranja. Šef se razumeo u zlato i dragocenosti, prodavao je i kupovao nameštaj, znao je adrese posrednika za stanove, pa je čak i sam trgovao lokalima, održavao odnose s lopovima na železnici i omogućavao im kontakte s komisionima, drugovao je sa šoferima i prodavcima automobliskih delova, a vršio je i živu razmenu sa getom. Bavio se trgovinom s velikim strahom, kao na silu, uprkos sopstvenom osećanju zakona. Osećao je bolnu nostalgiju za bezbednim predratnim vremenima. Radio je tada kao magacioner u jevrejskom preduzeću. Pod okom budne vlasnice uporno je radio na svom uzdizanju, kupio je sportski automobil i zarađivao je, taksirajući, do trista zlota, uz odbitak šoferske dnevnice. Ubrzo je kupio u okolini grada, kraj auto-puta, jednu građevinsku parcelu, a nekoliko meseci pred rat – drugu, u nedalekom predgrađu. Shvatao je da to čini u skladu s ljudskim pravom i živeo je punim životom, bez teških unutrašnjih dilema. Od tekovina iz tih vremena sačuvao je placeve i valutu, kao i duboku privrženost prema staroj doktorki.

Stara je sedela na Marijinom mestu, u začelju drvenog kauča. Lice joj je bilo zemljano, oronulo, prazno kao opusteo grad. Na sebi je imala crnu svilenu haljinu, izlizanu i svetlu na laktovima. O vratu je imala široku somotsku vrpcu, a na glavi je nosila staromodni šešir ukrašenim buketom ljubičica, ispod kojeg su štrčali pramenovi retke sede kose. Na kolenima je držala brižljivo presavijen ogrtač s olinjalim okovratnikom. Bila je preskromno odevena za jednu predratnu vlasnicu ogromnog skladišta građevinske robe, nekoliko teretnih automobila, sopstvenog železničkog ogranka, za vlasnicu koja je imala desetine radnika i neiscrpne račune u domaćim i švajcarskim bankama, čak i preskromno za jednu vlasnicu teretnih kola s raznovrsnim prtljagom, mnogih preciznih računskih mašina, promućurno predatih na čuvanje u švajcarski konzulat, a da ne govorimo o zlatu i brilijantima, koje je – po mišljenju ljudi s arijevske strane – svaki Jevrejin donosio iz geta. Bila je bedno odevena, sedela je skromno u ćošku. Uprla je pogled u tavanicu gledajući paučinu na gornjoj polici s knjigama. Paučina se njihala, jer se pauk penjao gore.

– Jasjenjko, hoće li telefonirati, šta misliš? – reče stara šefu posle dugog ćutanja. S čuđenjem sam podigao glavu od knjige koja je raspravljala o vremenu i sujeverju srednjeg veka. Govorila je hrapavim šapatom, kao da je trla kamenom o kamen. Šuštavi šapat probijao se iz grla zajedno s dahom. Dva masivna reda zlatnih zuba blistala su joj u ustima, činilo se da su škljocnula, skoro zazvučala. – Jer bili su dužni da obaveste da će doći. Bili su dužni, zar ne? – Skrenula je na njega svoj izbledeli, mrtvi, skoro zamrzli pogled.

– Pa bolje bi bilo pričekati, gospođo doktorka – reče odlučno šef. Vredno duvajući napravio je otvor na zaleđenom oknu i, naginjući glavu, jednim okom je iskosa osmotrio dvorište, otvorenu kapiju, ulicu koja se već ispunjavala gomilom sveta, bubnjao je prstima po prozorskom okviru, čekao je mušteriju. – Pa gospodin direktor je obećao da će telefonirati. Sigurno će danas izići s vašom kćerkom.

– Vi samo tako kažete. A ako im ne pođe za rukom, Jasjenjko? – Prenela je opet pogled s tavanice na prozor. Uvele, zgrčene, izjedene dlanove položila je na žutu maramu, stisnula prste, kao da je htela da je strgne s ramena, i nemoćno ju je spustila na kolena.

– Ta šta vi, gospođo doktorka, govorite! – zviznu s nevericom šef. Pogladio je bujnu, zlatastu kosu zabacujući je nestrpljivim pokretom glave. Ispod manžetne puplinske košulje pojavio se pri tom pokretu zlatni „longinus", duguljast i izvijen, podešen prema okruglini zglavka, uspomena na dobra vremena u firmi u Ul. Tovarovoj. – Šta je to vama palo na um! Zet, direktor skladišta, može da iziđe kad mu se prohte! Posvršava što mu treba, novčanik u džep i – fiju! Više ga nećeš videti! Šta se vi brinete kad će izići! – Primakao je stolicu sebi i seo istežući ugodno noge u oficirskim čizmama. – Tu treba razmisliti odakle da se kupi stan! Vi znate koliko oni traže? Pedeset hiljada! Dobro je što je čovek kupio prve godine rata neki kutak, jer šta bi radio? Da živi kao podstanar? Da ode u stambeni odsek?

– Jasjo, vi ćete se snaći! – šapnu doktorka i blago se osmehnu uglovima usana.

– Čovek ima, hvala bogu, ruke i noge i razmišlja gde može nešto da ćapi, i zato je živ! Gospodin Tadik

– nagnuo se prema meni – vaša verenica je ispekla dvadeset pet litara. Štedljiva devojka! Perfektno! I potrošila je polovinu uglja manje. Vredna je, nema šta.
– Telefonirala je – promrmljao sam nad knjigom.
– Otišla je u grad da razvozi rakiju. Treba ubrzo da se vrati.

Između peći i čiviluka bilo je dosta mračno i toplo. Razgrejane peći su slatko milovale kožu. Glava mi je bila teška i bučala je. Podrigivao sam na rakiju i jaja. Knjiga o srednjovekovnim manastirima budila je polusnene vizije o tamnim ćelijama gde se u sujevernom narodu, u pokolju plemena i požarima gradova odvijao rad za spas ljudskog duha.

– Jasjenjko, jesu li koferi u redu? – šapnu stara gluho, kao iz bunara. – Pa vi znate da je to sada jedini kćerkin imetak. Ona je tako bespomoćna. Navikla je da se majka brine o njoj.

Grejući se ispod peći zagledao sam se u pod. Ćebe koje je spalo s kauča nije dosezalo do dasaka premazanih crvenom pastom. Ispod njega se video crni poklopac remingtonke. Uzeo sam mašinu iz šupe da se ne pokvasi i stavio je za svaki slučaj pod krevet.

– Gospođo doktorka, kod nas sve mora biti u redu – šef je po običaju protrljao ruke i pogledao me za trenutak – u najboljem redu, kao u osiguravajućem zavodu. Šta, zar me vi ne poznajete?

– A ako me oni tu ne nađu? Ulica je tako mala, i to na periferiji – odjednom se uznemirila stara. – Telefoniraću – odlučila je i pokrenula se na kauču.

– Jeste li vi poludeli pod starost? – obrecnu se odjednom šef i gnevno zažmiri svojim toplim, plavim očima, skoro da ih je prekrio svetložutim trepavicama. – Da Nemce navučete na vrat? Da im dozvolite da vas prisluškuju? Naravno, ali ne od nas!

Stara se uplašila i nakostrešila kao iznenada probuđena sova. Splela je ruke na grudima kao da joj je bilo hladno. Mahinalno je prstima okretala broš koji joj je bio prikačen na haljini.

— Kako ste se probili do nas? — upitah da bi se pridružio razgovoru.

Tresnuše vrata od kancelarije. Mušterija zatopta nogama da bi stresao sneg sa ciperla. Šef udari nogom stolicu i ode do mušterije. Stara podiže prema meni svoje prazne oči.

— Dvadeset sedam puta sam se našla u uličnoj blokadi. Znate li šta je to blokada? Verovatno ne tako dobro? Ne mari — zahroptala je od uzbuđenja, mašući prijateljski rukom. — Imali smo skrovište iza ormana u jednoj specijalnoj niši. Dvadeset osoba! Mala deca su se naučila, pa kad su vojnici išli i kundacima udarali o zidove i pucali, mala deca su samo ćutala i gledala ovakvim razrogačenim očima, znate? Hoće li stići da izađu?

Prišao sam polici s knjigama. Stavio sam knjigu na mesto rezervisano za srednji vek. Okrenuo sam se prema starici.

— Deca? — začudih se.

— Ne, ne, ne! Deca su drugo! Da li će izaći zet i kćerka? On je veliki prijatelj sa šefom. Još s univerziteta u Hajdelbergu.

— Zašto nije izašao s vama?

— On tamo ima posao. Još dan, još dva... Tamo je sve gotovo. Stalno *aus, aus, aus!*[1] Prazno po kućama, perje na ulicama, a ljude odvoze, odvoze...

Zadihala se i ućutala.

S druge strane vrata dolazili su zvonki glasovi koji su se prijateljski prepirali. Mušterija i šef su utvrdili cenu isporuke drveta iz bivših jevrejskih kuća iz

---

[1] Čuvaj! S puta!

otvockog geta, koje je krajshauptman prodao na veliko poljskom preduzimaču. Zaškripala su vrata i oni pođoše do dućana da zaliju transakciju. Šef je bio trezvenjak, ali je dopuštao da podlegne iskušenju kad se radilo o veoma uspešnim poslovima.

– Ja bih htela da vidim svoje stvari – reče odjednom starica. Odbacila je ogrtač s kolena i žurno pošla napolje.

Činovnica u kancelariji osmehnu mi se iza stola. Sitna i suva smestila se udobno na otomanu. Celog dana je čitala petparačke ljubavne romane. Poslao ju je Inženjer da pazi na blagajnu. Iz njegovih proračuna je proizilazilo da firma donosi suviše male prihode. U prvoj nedelji njenog uredovanja u blagajni je nedostajalo hiljadu zlota. Šef je pokrio manjak iz sopstvenog džepa, a Inženjer je izgubio poverenje u činovnicu. U kancelariju je, doduše, dolazila samo na nekoliko sati, nijednom nije svratila u magacin, nije znala šta je to lepak a šta bitumen, ali me je zato redovno, kao pošta, snabdevala ilegalnim novinama ukrašenim amblemom mača i pluga. Zavideo sam joj što je otišla u ilegalu, a ja sam se zadovoljavao poluprivatnim šapirografisanjem biltena, bogatom lektirom, pisanjem stihova i produciranjem na pesničkim matineima.

– A šta je sa starom? Ima li mnogo nameštaja? – priupita ironično činovnica. Glava joj je bila oblikovana u ćubu visoko zategnute, nestašno zapletene kose.

– Svak se spasava kako može.

– Uz pomoć bližnjih – zlobno je zaškiljila očima. Bila je veom neuredno napuderisana. Tanak nos joj se svetleo kao da je namazan lojem. – Ej, gospodine magacioneru, pa kako pesme? Jesu li se korice osušile?

Šef je doveo staricu u kancelariju, uhvativši je za ruku. Došao je kočijaš da se ugreje. Čučnuo je kraj peći i dahćući isturio prema vatri šake ispucale od vetra i mraza. Kožuh se na njemu isparavao i smrdeo je na vlažnu kožu.

— „Marice" su u gradu — reče kočijaš. — Bio sam u centrali. Ulice su puste da te je strah proći. Kažu kad svrše s Jevrejima, onda će nas početi da odvode. I kod nas hvataju. Pored crkve i kraj stanice sve se zeleni od žandarma.

— Baš lepo — prsnu u smeh mala činovnica. Ustala je nervozno od stola. Vukla je noge u predubokim domaćim papučama, s nesvesnom ljupkošću izvijajući svojim koščatim kukovima, koji su se probijali kroz tanku haljinu. -A kako ću da se vratim kući?

— *Per pedes*[1] — rekoh kiselo i izađoh iz kancelarije navukavši žurno jaknu. Oštar vetar pomešan sa snegom ošinu me po licu. Iznad sanduka s krečom klatio se u ritmu radnik. Tupkajući nogama od hladnoće kao dremljiv konj mešao je motikom gašeni kreč. Klobuci bele pare uzdizali su se iznad uzavrele mešavine i obavijali mu lice. Gasilac je radio cele zime bez prekida, pripremajući kreč za letnju sezonu. Dnevno je prerađivao na mrazu do dve tone negašenog kreča.

Šef je pritvorio kapiju od skladišta. Kad je racija zahvatila ulicu zatvarali smo je katancem. Pijani policajci su čistili ulicu od preostale gomile, koja se probijala prema poljima. Nemački žandarm, koji se uzdigao iznad gomile i njenih briga, ali oprezan prema svakom pokretu policajca, ravnodušno je udarao gvozdenim čizmama o kaldrmu. Na prostoru ispred zidova kuća još se čuo žagor i vrvelo je od ljudi. Ispod prozora trgovkinje su tresle kolenima, tapkale nogama u slamnim opancima i promuklo se drale nad

---
[2] Pešice.

kotaricama s pecivom, cigaretama, krvavicama, krofnama, belim i ražanim hlebom. Činilo se da se to crni zid kuće trese i viče. U kapijama su merili na primitivnim vagama svinjsko meso i žurno prelivali domaću rakiju. Na zemljištu koje se nalazilo u pozadini škole još je trajala zabava. Vrteška s jednim glupavim detetom na konju veličanstveno se vrtela uz pratnju bučne muzike. Prazni drveni automobili, bicikli, labudovi raširenih krila blago su plovili vazduhom, njišući se kao na talasima. Radnici, skriveni iza dasaka, okretali su dolap ispod vrteške. Kraj drečavo obojene streljane i u zoološkom vrtu ispod šatora (u kome je – kako je glasila od snega izbledela plakata – trebalo da borave krokodili, kamila i vuk) nije bilo ni žive duše. Nekoliko prodavaca novina iz skloništa, sa zamotuljcima nemačkih novina ispod miške, neodlučno se vrtelo na stanicama. Tramvaji bez ljudi okretali su se na petlji oko trga i zvečeći lancima vukli se duž aleje. Drveće je stajalo pod snegom i iskrilo se na oštrom suncu, kao da je izrezano od lomljivog kristala. Nebo je izgledalo vedro, bledo, visoko. Bio je običan pazarni dan.

    U dubini ulice prostor su zatvarali kameni blokovi kuća i grupe ogolelog, osušenog drveća. Iza vijadukta, koji su štitile prepreke, bodljikava žica i table na kolosecima, opkoljena kordonom žandarma, talasala se gomila i nadolazila prema vijaduktu. Iz gomile su se pomaljali zdepasti kamioni pokriveni ceradom i prevaljujući točkovima sneg kretali se prema mostu. Iza poslednjih kola istrčala je iz gomile žena. Nije stigla. Kola su povećala brzinu. Žena je podigla ruke u očajanju i pala bi da joj nije pomogla ruka jednog žandarma. Ugurao ju je u gomilu.

„Ljubav, naravno, ljubav" – pomislih uzbuđen i pobegoh u skladište pošto se trg praznio pred racijom koja se spremala.

– Telefonirala je verenica – reče šef. Bio je u dobrom raspoloženju, pevušio je ispod riđih brkova i nogama je pravio polukrugove kao u igri. – Ide iz Ohote[1], ali ne može brže, jer svuda hvataju. Predveče će stići.

Suva, ćubasta činovnica baci prema meni kratak pogled u kome se osećala pakost.

– Sigurno će početi s nama kao s Jevrejima? Jeste li zabrinuti?

– Trebalo bi da se snađe – rekoh šefu. Promrzao sam do kosti. Prodžarao sam žaračem u peći i dodao treseta. Iz otvorenih vratanaca kuljnuo je dim po celoj sobi. – Možda ovog meseca nećemo dobiti vagone? Verovatno će blokirati vagone?

Šef je napravio mrzovoljnu grimasu. Seo je na stolicu i finim prstima kao u pijaniste lupkao po stolu.

– A šta ćemo imati od toga ako i puste vagone? – reče s gorčinom. – Inženjer se boji da drži cement i gips, kreča ima samo za Nemce za radove na Bemovom utvrđenju, pa šta onda hoćete? Da cvetamo? Grohovska fabrika je dobila tri vagona cementa, Borovik i Srebrni imaju što im duša zaželi, a mi? Ćeramide, falcovane opeke, tucanik, lepkove, tršćane otirače!

– Nemojte preterivati – reče činovnica. – Kad bi malo pročeprkali po magacinima, onda bi bilo ponešto...

– Sigurno ponešto! Jer se snalaze na svoju ruku! Inače, da li bi iko došao u skladište? Dabome, dućandžija da pozajmi tegove!

---

[1] Varšavska četvrt. – *Prim. prev.*

Telefon je zazvrjao. Šef se okrete na stolici i uhvati slušalicu pola sekunde pre male činovnice. Pružio mi ju je s nemom gestikulacijom.

— Naša kola — šapnuh zaklanjajući rukom trubu na telefonu. — Šta da kažem?

— Nek da pedeset.

— *Fünfzig*[1] — rekoh u trubu. — *A ends?* Neka bude uveče.

— Sjajno, prema tome, hajdemo nešto da pojedemo — protrlja šake šef.

Starica je sedela nepomično na kauču kao životinja saterana u ugao. Šef se uzmuvao po sobi, pristavio buljon na primus i pospremio sto.

— Kad Inženjer bude imao manje prihode od nas, pod jedan — izbaciće tu curu, a pod dva... jeste li se odlučili?

— Šta imam ja u poređenju s vama? — rekoh beznadežno. — Sve smo uložili u rakiju. Znate kako je, kupio sam malo knjiga, malo prnja, i tako. I hartija je koštala.

— A hoćete li prodati makar te pesme?

— Ne znam da li ću prodati. Nisam pisao za prodaju. To nije rupičasta opeka, a ni smola — odgovorih uvređen.

— Ako su dobre, treba da ih kupuju — reče pomirljivo šef zagrizajući zemičku. — Skupićete tih nekoliko hiljada na gomilu. Imate vi dobru glavu.

Starica je jela polako ali s apetitom. Zlatan masivan red zuba požudno se zarivao u meku sredinu zemičke. Zagledao sam se u njihov sjaj, ocenjujući instiktivno težinu i vrednost cele vilice.

Tresnula su vrata, ušla je mušterija. Polotinac iz susedne crkve imao je rožnate naočari i bojažljivo se osmehivao. Obavestivši nas o raciji naručio je neko-

---

[1] Pedeset.

liko vreća cementa i žuti tucanik. Platio je unapred samim zlotima povezanim u paketiće.
— Hvaljen Isus — reče i stavivši crni šešir izađe šušteći mantijom.
— Na vjeki vjekov — odgovori činovnica. Zatvorila je peć i obrisala ruke komadićem hartije. — Šta mislite, šta će stara da uradi?
— Šef će joj naći stan. Stara ima isuviše para da bi je on ispustio iz ruku — rekoh poluglasno.
— Zar vi ništa ne znate — obrecnu se ona s prezrenjem. Kad je šef izašao, stara je telefonirala kćerki. Ne mogu izaći iz geta. Prekasno je. Potpuna blokada.
— Stara će malo da se brine pa će prestati.
— Najverovatnije.
Uvila se u izlizano krzno, smestila se što je mogla ugodnije na otomanu i vratila se svojoj knjizi. Nije pokazivala želju da produži razgovor.

III

Uveče sam stajao sâm u skladištu sred korica pesničke zbirke, koje su se sušile kao mokro rublje. Apolonije ih je izrezao iz papira *in folio*[1], podesivši ih prema razmerama mreže ručnog šapirografa, koji mi je pozajmljen za otiskivanje veoma važnih radio-kominikea i vrednih saveta (zajedno s grafikonima) za vođenje uličnih borbi u većim gradovima, poslužio je takođe za štampanje uzvišeno-metafizičkih heksametara koji su izražavali moj neprijateljski stav prema apokaliptičkim vetrovima istorije. Korice su sa obe strane bile ukrašene crno-belim vinjetama, uz upotrebu senzacionalno nove šapirografske tehnike — pojedinih komadića albuminske matrice koji su, naleplje-

---

[1] Velikog formata.

ni na mrežu, ostavljali bele mrlje, a sama mreža – crne mrlje. Način je bio veoma originalan, ali je apsorbovao suviše boje i korice su se sušile već nedelju dana – bez rezultata. Dakle, skinuo sam ih oprezno s konopca, obavio debelim pergamentom, čvrsto zapakovao i stavio ispod drvenog kauča. Ćebe spušteno do poda pokrivalo je pokvareni radio-aparat, koji je čekao mehaničara, portabl šapirograf pljosnat kao kutija za cigarete, solidnu pisaću mašinu remington uzetu iz šupe da ne bi ovlažila, kao i komplet publikacija neke imperijalističke oraganizacije, koji je prijatelj ostavio na čuvanje u skladište, a on je trebalo da se seli iz kuće, a nije imao snage da se liši kolekcionarskih i antikvarijatskih strasti.

Ne žaleći leđa ni kolena, uveče sam vredno ribao pod, brisao sto i ovlaš prozore, a kad sam zaključio da je u sobici tiho i ugodno kao u zapećku, pokrivao sam bledozelenim staklenim zvonom pečurku koja se šarenela i brižno zatvarao sobu da se ugreje. Sedeo sam obično kraj peći u kancelariji. Vodio sam detaljne bibiliografske beleške kojima sam punio specijalne kutije, zapisivao sam na rasutim listićima duboke sentence i efektne aforizme koje sam našao u knjigama i učio ih napamet. Međutim, nailazio je sumrak i zasipao stranice knjige. Dizao sam pogled prema vratima i čekao da dođe Marija.

Napolju je sneg gubio plavetnilo mešajući se sa sumrakom kao sa sivim cementom. Izdužen zid spaljene kuće postao je riđ kao vlažna cigla, ispunjavao se crnilom, postajao nepomičan kao da je zaćutao, bezglasni vetar dizao je iznad koloseka kolutove ružičastog dima, cepao ih na komade i bacao na modra nebesa kao pahuljice snega na prozračnu vodu. Obični predmeti, muljavo kao gnjila dunja brdo peska iz firme, krivudava staza, kapija, trotoari, zidovi i kuće ulice nestajali su u mraku kao u nadolazećoj plimi. Ostao je samo neuhvatljiv šum od koga puslira najdublja tišina, toplo bilo koje bije u čovečjem telu i gluva čežnja prema predmetima i osećanjima koje čovek nikad neće doživeti.

Na dvorištu su se još vrzmali ljudi. Kočijaš je vadio iz tamne unutrašnjosti šupe pakete kao iz vreće i zamahujući bacao ih na kola. Na kolima je raskrečenih nogu stajao gasilac kreča. Hvatao je stenjući prtljag i ututkavao ga stručno na kolima kao da je nameštao vreće gipsa ili hidratisanog kreča. Od napora je naduo obraz jezikom.

Šef je stajao iza kola pored starice. Uhvatio se za dasku na kolima i noktom je nesvesno otcepljivao tresku.

– Ja nekako ne znam, drukčije to razumem – reče starici ljutito, napućivši usne. – Ali, po meni nije trebalo tako odjednom. Gde im je bila glava? Gde pamet? Čemu sva ta nevolja?

Starica je nagnula na rame glavu sa šeširom, ukrašenim cvetićima. Na zemljanim obrazima izašli su joj tamnocrveni pečati od mraza. Usne su joj drhtale od zime. Zlatni zubi su se blistali iza usana.

– Dobro pazite pri pakovanju – reče oštro gasiocu kreča. Lice joj je drhtalo pri svakom bačenom paketu kao da su to nju bacali na kola. – Oprostite, Jasjo, što sam vam zadala brige. Ali vam se isplatilo, zar ne?

– A što vi na to mislite? – reče šef sležući ramenima. – Novac što sam uzeo dao sam za stan, a ono malo krpa koje ste ostavili kod mene uvek se mogu... A ja se od toga neću obogatiti.

Kod sivog zida šupe pogrbljena starica je naizmenično micala nogama i izlizanim, izgaženim cipelama, šmrcala i po običaju kratkovidih ljudi, žmirkajući pocrvenelim kapcima, gledala šefa suznim očima. Ćutala je i osmehivala se.

– A mnogo ćete ih vi odbraniti. Kako god uzmeš, to je kraj – govorio je dalje šef gledajući u zemlju, na paoke od kola i na blato ispod točkova. Šta, zar ne znate šta će se desiti? Oni će ubiti, spaliti, uništiti, satrti, i tačka. Nije li bolje živeti. A ja verujem da će doći vreme kad će čoveku dozvoliti da slobodno trguje.

Snažni dizel s prikolicom ušao je u ulicu bljujući dim i prišao kapiji. Šef se osmehnu s olakšanjem i požuri da otvori drugu šupu, a ja poskočih pravo kroz sneg prema kapiji. Traktor se probio na trotoar i kao kukac prešavši preko slivnika prišao otvorenoj šupi. Iz kabine je iskočio šofer u prljavom kombinezonu i s nemačkom vojničkom kapom prpošno natučenom na vranu, sjajnu kosu.

– *Abend*. Pedeset? – upita i pljesnuvši snažno rukama uđe u šupu njišući se u bokovima. S interesovanjem je pogledao po ćoškovima.

– O la, la! Sve ste rasprodali? – reče coknuvši ustima. – Veliki promet, velika dobit. Ali sad je za deset zlota skuplje po vreći. Po trideset pet?

– Taj film nećete gledati – reče šef napravivši rukom značajan gest.

– Trideset dva. Na tržištu je pedeset pet i skuplje – reče vojnik strpljivo.

– Ima li on ljudi za istovar? – upita me šef. – Treba ih uzeti.

– *Keine Leute*[1] – nasmeja se široko vojnik. Imao je zdrave, konjske zube i blistave, brižljivo obrijane obraze. Prišao je prikolici i odvezavši ceradu naredi: – *Meine Herren, raus!*[2] – Molim vas lepo – *ausladen*[3].

---

[1] Nema ljudi.
[2] Gospodo, napolje!
[3] Istovarujte!

Dvojica ranika koji su dremali na većama odbaciše kapute kojima su se pokrivali, prestrašeni uzvikom iskočiše iz dubine automobila i napustiše pokrivač. Jedan je valjao papirne vreće do ivice poda; drugi ih je hvatao rukama, pritiskao pljosnatu vreću uz grudi, nosio je u magacin i bacao s treskom na pod. Objasnio sam mu kako treba slagati cement, kako vezivati vreće da hrpa ne ode do đavola.

Pomoćnik šofera koji je dremao u kabini nagnu se kroz prozor.

– Oni moraju da požure, Peter. Moramo odmah dalje.

Podbočio se laktovima i pospano gledao u dubinu šupe. Zlatna damska narukvica labavo mu je visila na zglobu. Šake su mu bile maljave, lice preplanulo, crno od brade.

– Brže, brže, *du alte Slawe*[1] – mrmljao je kroz zube. Susrevši se s mojim ispitivačkim pogledom osmehnuo se prijateljski.

Sav beo od cementa, radnik u šupi (kad neko ne ume da rukuje robom, uvek prilikom prenošenja pokida nekoliko vreća i napravi štetu) podiže prema meni srebrnasto, cementom obloženo lice i upita šapatom, praveći se da vrhom šake trlja oči:

– Ima pet vreća više. Hoćete li uzeti danas?

– Po dvadeset – progunđah ne mičući usnama. – *Komm*[2] u kancelariju. Da sredimo račune – rekoh vojniku. Ugasio je šibicu i dobro je razgazio đonom. Slatko je uvukao dim. Slab ružičasti blesak osvetli mu lice i odrazi se u očima.

– *Fünfzig* komada? Pedeset? – pokaza radniku pet raširenih prstiju.

---

[1] Stari Slovenu.
[2] Dođi.

– *Ja, ja,* šefe, ja brojim! Ni jedna više! – uzviknu dodavač ispod cerade.

Kočijaš je završavao s utovarom kola. Gasilac kreča je pričvršćivao prtljag i podvlačio konopce. Brižljivo su obavili konopcima kola kao paket sa staklom. Razumeli su se u pakovanje. Sakrili su u sredini dragocenije stvari, kožne kofere i vreće od šatorskog krila s rubljem, a gore i sa strane namestili su pletene korpe, hoklice, zveketavo posuđe. Kola su stajala strpljivo kao Nojev kovčeg. Starica je tapkala kod šupe držeći ruke u mufu. Spazivši vojnika koji je prolazio u blizini uplašila se i sakrila iza vrata magacina.

– Je li to selidba? – upita uzgred šofer.

– Selidba, naravno, selidba, a šta bi drugo?

Nebo se smanjilo, spuštalo se bešumno iznad mraka kao ptica koja pada. Ogolelo drvo pored koloseka krvavo se nosilo s vetrom kao čovek koji je odlučio da se ne predaje.

– Ala vi živite mirno – reče s dobrodušnim prezirom vojnik – a naši se bore za vaš mir.

Šef ga je zamolio da sedne. Razgovarao je sa ženom telefonom: – Pa je li ručak uspeo? Cvekle – nisu. Uzmi kupus. – Blago se osmehnuo. – A dete? Spava? Probudi ga, spava već dva sata.

– Stigle nove knjige, a? – reče vojnik odškrinuvši vrata od sobe. – O, kakav štimung! Samo još da se gramofon pusti! Tu je devojka, zar ne? – Pokazao je prstom na crvenu kućnu haljinu na vešalici. Pogledao je Apolonijeve slike, prosjakinju kod hrapavog zida koja drži za ruku dete iskolačenih očiju i mrtvu prirodu sa žutim vrčem. Uneo je u sobu blato i vojnički smrad.

Šef izvuče iz novčanika paketić brižljivo povezanih banknota i prebrojavši novčanice molitvenim šapatom dade ih šoferu.

— Opet sreda, sledeća nedelja, ja? — upita šofer.

— *Ist gut* — reče šef — *ist sehr gut*[1]. Vidite, gospodine Tadek, kad bi čovek imao svoje skladište, ne bi prikrivao robu. Držao bi je nekoliko dana, zarada sigurna.

— Činovnica će odmah da otrči Inženjeru.

— Neće poverovati kad ništa ne nađe... Ustupićemo odmah černjakovskoj fabrici. A Inženjer ionako s nama mora biti dobar. Uložio je pare u fabričku prugu i jedva izlazi na kraj — reče hvalisavo šef.

— Razmislite o kupovini one kućice. Ja ću dodati što budem mogao.

— A ako potpuno zabrane gradnju?

— I sada zabranjuju a ljudi grade. Ako mora da se preživi, preživećete od onog što imate u fioci. Plac i magacini ostaće za posle rata. E pa, vidite, hajdemo da otpratimo staru.

— Zaboravila je mašinu kod vas. — reče šef. Začešljao je dlanom kosu i s izvesnom dozom elegancije stavio tramvajsku kapu. Na ulici je izigravao tramvajdžiju. Vozio se badava tramvajem i osećao se bezbednim od racije.

— Mašina će dobro doći firmi.

— *Ja, ist gut.* — Vojnik je prebrojao novac, stavio ga u džep od kombinezona i stisnuvši nam srdačno ali ne i primetno ruku, izišao škripeći čizmama.

Kočijaš je uzeo konju vreću s obrokom, zapalio fenjer, okačio ga ispod kola, uzeo kajase u ruke, svečano coknuo i teretna kola osvetljena crveno kao karnevalske kočije, krenuše napolje uz škripu i potonuše u ulicu kao u senovitu aleju.

---

[1] Dobro ... vrlo dobro.

Između prupurnog, kao spečena usta, jorgana, stegnutog belim kanapom od zavese, i debelih kofera – sklupčana kao pas – sedela je, podavivši noge, stara Jevrejka, pokrivena odozgo pločom koso nagnutog stola, čije su noge kao mrtvi patrljci štrčale prema nebu i, podskakujući s pločom pri svakom pokretu kola, izgledale kao da mu osvetoljubivo prete. Staričine oči su bile zatvorene, glavu je uvukla u krzneni okovratnik, najverovatnije je dremala. Nekoliko derana u ritama potrčalo je za kolima u nadi da će nešto ukrasti.

Uveče je ulica postajala živa. Na modrom nebu zlatan mesec se valjao prema pernatim oblacima kao kružić ananasa i kao metalni blesak padao na krovove kuća, na zavese zidova, na škriputav poput srebrnog lima sneg na trotoarima. Ispred škole je hodao stasiti žandarm sav plavetan od sumraka. Devojke iz vešernice promicale su ispod ljubičaste svetiljke i nestajale u senci spaljene kuće. Od dućandžije su izlazili naćefleisani policajci na noćno dežurstvo. Zvono u crkvi, koja je obnovljena našim cementom i krečom, počelo je radosno da cvrkuće kao dete u igri, plašeći pospane golubove na izbočini zvonare, koji su se, uz lepet krila, uznosili iznad tornja i kao latice hrizantema sneno padali na krov.

Traktor s cementom je oprezno zaobišao jame s krečom i zatrubivši na odlasku napustio dvorište. Skočio sam na prikolicu i tutnuo radniku novac u ispruženu ruku.

– Bilo je deset, deset! – viknuo je. Cerada se spustila iza njega.

– Lepo smo završili dan – reče šef opasavši remenom tramvajski ogrtač. Dobro je stegao kaiš, na silu, jer je voleo da izgleda mršav. – Ostajete sami. Zar vam verenica ne dolazi?

— Bojim se za nju — odgovorih. — Racija traje ceo dan. Verovatno su mnoge pohvatali.
— Šta da se radi! — teško uzdahnu šef. — Verenica sigurno ne može da se probije do vas. — Stavio je u tašnu komad mesa koji je izabrao za sutrašnji ručak.
— Čekajte, idem da kupim nešto za večeru. Nešto sam gladan posle ovako glupog dana. — Izašli smo na ulicu zatvorivši kapiju. Nemački traktor se isprečio na izlasku iz ulice, tresao se i dimio. Prolaznici su se okupljali na trotoaru i gledali na trg. Kraj uličnog slivnika stajala su teretna kola sa stvarima. Kočijaš je strpljivo čekao slobodan prolaz.

Padao je sve gušći mrak. Iza crnog pojasa polja, iznad srebrnog toka reke, kameni most se u pozadini neba zatezao kao luk. Na drugoj obali crna gromada grada tonula je u gustu tamu. Iznad nje visoki stubovi reflektora uznosili su se u nebo živinom svetlošću, presecali su ga i kao ruke marioneta nemoćno padali širinom zemlje. Svet se za trenutak sužavao na jednu ulicu koja je pulsirala kao otvorena žila.

Uz škripu, s jakim farovima, kolovozom su hrlili kamioni puni ljudi, prelivajući se na uličnim rupčagama. Ljudska lica ispod cerade izgledala su bela kao da su posuta brašnom i nestajala u tami kao da ih je oduvao vetar. Motocikli s vojnicima u šlemovima pomaljali su se ispod vijadukta i lepršajući krilima senke kao čudovišni leptiri, nestajali s hukom iza automobila. Zagušljiv dim izduvnih gasova polegao je po kolovozu. Kolona je išla prema mostu.

— Pohvatali su ih kod crkve — reče iza mene dućandžija. Bazdeo je na rakiju i smrdeo na krdžu. — Crna ih zemlja pojela!

— Spremaju se za nas — reče sumorno dežurni policajac s kaišićem zakopčanim ispod brade. Skinuo je kapu i obrisao rukavom čelo. Crvena pruga koju je

kapa utisnula na čelu postajala je bela. – Da, tako – reče kroz zube.
– Ona se Jevrejka odselila od vas? – šapnu u poverenju dućandžija. – Tako brzo?
– Odselila se negde na drugo mesto.
– A šta će biti sa stanom? – zabrinu se dućandžija. Nagnuo mi se nad uvo. – Ja sam već razgovarao sa ljudima. Gospodin šef je danas trebalo da dâ kaparu.
– Onda tražite šefa – rekoh nestrpljivo stresajući njegove šape.
– Izvinite – šapnu dućandžija. Svetlo fara prešlo je preko njegovog lica. Zažmirio je kapcima braneći se od njegovog bleska. Far je osvetlio unutrašnjost ulice, dućandžijino lice je potonulo u mrak.
– Ona se vraća u geto. Tamo joj je kćerka koja ne može da se probije.
– Pa naravno – reče ubedljivo dućandžija. – Bar će umreti s njom kao čovek... – uzdahnu duboko i zagleda se u ulicu.

Na zavijutku aleje došlo je do zastoja. Kolona se zaustavila, automobili su se približili jedan drugom. Čuli su se grleni uzvici. Motocikli su se pojavili iza automobila i osvetlili farovima kolovoz, tramvaje, tortoar i gomilu. Farovi su skliznuli preko ljudskih lica kao preko pobelelih kostiju; zagledali su u crne, slepe prozore stanova; obuhvatili su zaustavljenu u pola takta vrtešku s pegavim konjima za ljuljanje koji su se njihali na konopcima, vrtešku koja se svetlucala od zelenih lampiona, labudove s blago izvijenim vratovima, sa drvenim automobilima, biciklima; opipali su dubinu konjske pijace; očešali su se o šator zoološkog vrta s krokodilom, vukom i kamilom, ispitali unutrašnjost tramvaja što su stajali ugašenih svetala, zalelujali se levo i desno kao glava razdražene zmije, vratili se ljudima, osvetlili još jednom oči i upravili se prema automobilima.

Marijino lice, okruženo širokim obodom crnog šešira, bilo je bledo kao kreč. Ruke mrtvački blede, slične kredi, grčevito je podigla na grudi kao da se oprašta. Stajala je u automobilu, utisnuta u gomilu, tik uz žandarma. Napregnuto je gledala u moje lice kao da je slepa, pravo u far. Micala je ustima kao da je htela da vikne. Zateturala se, umalo nije pala. Kola su se zatresla, zabrujala i naglo trgla. Nisam uopšte znao šta da radim.

Kako sam kasnije saznao, Mariju su kao arijevsko-semitskog mešanca odvezli s jevrejskim transportom u ozloglašeni logor na moru, ugušili plinom u gasnoj komori krematorijuma, a njeno telo su verovatno preradili u sapun.

DEČAK S BIBLIJOM

Stražar otvori vrata. U ćeliju uđe dečak i zaustavi se na pragu.
– Zašto su te zatvorili? – upita Kovalski, slovoslagač iz Ulice Bednarske.
– Ni za šta – odgovori dečak i pređe dlanom po ošišanoj glavi. Na sebi je imao izlizano crno đačko odelo. Preko ramena je prebacio kaput s jagnjećim okovratnikom.
– Zašto su mogli da ga zatvore? – reče Kozera, krijumčar iz Malkinje. – Pa to je još derište. I verovatno Jevrejin.
– Ne bi trebalo tako da govorite, Kozera – odazva se kod zida Šrajer, činovnik iz Mokotovske. – dečko nimalo ne liči.
– Šta pričate, pomisliće da ovde sede sami banditi – reče slovoslagač Kovalski. – Dečko, sedi na slamaricu. Šta ima tu da se razmišlja.
– Nek ne seda, jer je to mesto Mlavskog. Možda će se odmah vratiti sa isleđenja – reče Šrajer iz Mokotovske, kod koga su našli ilegalne novine.
– Šta je, stari, jeste li sasvim poludeli? – začudio se slovoslagač Kovalski i pomerio se ustupajući dečaku mesto. Dečak sede i položi kaput na kolena.
– Šta gledaš? Podrum i tačka. Nisi nikad video? – upita Matula koji je, imitirajući gestapovca, išao po seljačkim kućama u dugim čizmama i kožnoj jakni i rekvirirao svinje.

— Nikad nisam video — progunđa dečak.

Ćelija je bila duga i niska. Na zidovim podruma blistala je u mraku vlaga. Prljava, izvitoperena vrata bila su išarana datumima i imenima urezanim nožićem. Pored vrata stajala je kofa. Kod zida na betonskom podu ležale su dve slamarice. Ljudi su sedeli zgrčeni, dotičući se kolenima.

— Pogledaj, ali dobro — nasmeja se Matula. — To nećeš moći svuda da vidiš.

Namestio se na slamarici.

— Vučeš li još? — upita.

— Vučem — izabrao sam kartu. — Za sebe.

Uzeo je tri karte. Pogledao ih.

— Što mu je, to mu je. Dosta.

— Dvadeset — izložio sam karte.

— Izgubio sam — reče Mikula. Stresao je prašinu s kolena. Njegove bridž pantalone još su sačuvale ivice. — Hleb je tvoj, a karte su ionako obeležene.

U hodniku su treštali prekidači. Ispod tavanice se upalilo mutno svetlo. U prozorčiću ispod tavanice bio je usađen modroplavi komadić neba i delić krova od kuhinje. Rešetke u otvoru bile su potpuno crne.

— Kako se zoveš, dečače? — upita činovnik Šrajer. Osim ilegalnih novina, kod njega su još iščeprkali neke priznanice od prikupljenog novca za organizaciju. Preko celog dana se nije micao od slamarice i neprestano je žvakao svoju veštačku vilicu. Od gladi su mu uši postajale sve klempavije.

— A da, kako se zovem — reče dečak s omalovažavanjem. — Moj otac je direktor banke.

— Onda si ti sin direktora banke — reče Šrajer obraćajući mu se.

Dečak je sedeo nagnut nad knjigom. Držao ju je blizu očiju. Kaput je uredno složio na kolenima.

— Aha, knjiga. Kakva je to knjiga?

– Biblija – reče dečak ne dižući pogled sa knjige.
– Biblija? Misliš da će ti tu pomoći? Možeš njome da se zakitiš – odazva se krijumčar Kozera kod vrata. Hodao je širokim koracima od zida do zida, dva koraka napred, dva nazad, okret u mestu. – Kako god okreneš, metak u čelo ne gine.
– Kako kome – rekoh uzimajući opet karte od Matule. – Ajnc.
– Pitam se koga će danas pozvati iz naše ćelije? – reče Šrajer iz Mokotovske. Stalno je očekivao da će ga streljati.
– Opet? – reče neprijateljski Kovalski.
– Daj još jednom – reče gestapovac Matula. Revolver mu je zakazao prilikom poslednje rekvizicije. – Nek bude šta bude, živeti se mora.

Karte su bile napravljene od kartonske kutije koja je ostala od paketa. Figure su nacrtali hemijskom olovkom oni što su bili pre nas. Svaka je bila označena.

– Ništa mu neće biti – rekoh mešajući karte. – Malo će ležati, tata će da pljune lovu, mamica će da se osmehne onome kome treba, i dečaka će pustiti.
– Ja nemam majku – reče dečak s Biblijom. Još više je približio knjigu očima.
– Da, da – reče slovoslagač Kovalski i spusti tešku šaku na dečakovu glavu. – Ko zna da li ćemo sutra još biti živi?
– Opet? – odazva se činovnik Šrajer iz Mokotovske.
– Ništa ti ne brini – rekoh dečaku – važno je da se za tebe ne brinu. To je najgore. Kad su te uhapsili?
– Mene nisu uhapsili – odgovori dečak.
– Nisi bio u policiji? – ipita začuđeni Kozera, krijumčar iz Malkinje.

– Nisam bio – odgovori dečak. Brižljivo je složio knjigu i stavio je u džep od kaputa. – Uhvaćen sam na ulici.

– Je li danas bila racija? U kojoj ulici – zapita uznemireni činovnik Šrajer kod koga su našli ilegalne novine i priznanice. Imao je dve kćerke koje su išle u gimnaziju. Nadao se da će od kuće dobiti paket s hranom.

– Neće biti da je tako – reče slovoslagač Kovalski. – Da je bila racija, doveli bi čitavu gomilu ljudi, a ne samo jednog. Nešto bi se i tu čulo.

– Zar ćeš videti kapiju iz te rupe – rekoh klimajući glavom prema prozoru ispod tavanice. – Imaš samo krov od kuhinje i delić radionice.

Pokazao sam gestapovcu Matuli karte:

– Devetnaest.

– Kao i odavde – reče Kozera, krijumčar iz Malkinje. Nosio je slaninu u Generalni Guverman i uhvaćen je na uobičajenom mestu, na granici. Stajao je kod vrata i gledao u prozor. – Od vrata se vidi više. Kod kuhinje ide vahman sa psom. Istovaruju krompir za sutra.

– Opet tropa – reče Matula bacajući karte na slamaricu. – Namam sreće. Sigurno će doći po mene. Jer zašto bi me ovde premeštali. Samo za streljanje, zar ne?

– Mislio si da te puštaju na slobodu? – odazva se crnoberzijanac Kozera. Hodao je teškim koracima od vrata do slamarice i natrag.

– Da – reče Matula uzdahnuvši. – Možda ću da povratim novac. Ako ne, sutrašnji hleb je tvoj. Počeo je da meša karte napravljene od kartonske kutije koja je ostala od paketa.

– Ako sutra dođu po mene, šta će mi sutra tvoj hleb? – Pružio sam ruku. – Daj karte.

– Mene je uhvatio policajac u Kozjoj – reče dečak.
– Plavi? I mene – reče krijumčar Kozera.
– Običan policajac. I doveo me ovde.
– Pravo na kapiju. Kroz geto? Nije istina – reče Šrajer, činovnik iz Mokotovske.
– Dovezao me je fijakerom. Rekao je da je vrlo kasno jer bi me, inače, odveo u policiju. Ovako me predao na kapiji – reče dečak i osmehnu se svima.
– Imao je osećanje za humor – rekoh dečaku. – Verovatno si pisao bojom po zidu?
– Kredom – odgovori dečak.
– Zar si morao da crtaš? – reče Kovalski, slovoslagač iz Bednarske. – Domar će zbog tebe imati posla. E, da sam tvoj otac. – Pomilovao je dečaka po glavi ošišanoj na nulu.
– Kovalski, a zašto si novine štampao u Bednarskoj? – upita crnoberzijanac Kozera, hodajući širokim koracima od zida do zida.
– Nisam štampao nikakve novine. Pošao sam da kupim otoman.
– Baš u ilegalnoj štampariji, a? Tropa – pružio sam karte gestapovcu Matuli.
– „Pristajao si uz njega kao francuski dukat u ruci uličarke". To je Šekspir, slovoslagaču Kovalski.
– Još jednom pa ću da povratim novac – reče Matula i poče da meša karte.
– Dovoljno je. Dva parčeta su moja. – Odmakao sam karte.
– Upao sam ni kriv ni dužan kao i ti – reče Kovalski, slovoslagač iz Bednarske.
– Znaš dobro da sam pošao da tražim verenicu, jer se dva dana nije vraćala kući.
– Kod puškara, a? – nasmeja se slovoslagač Kovalski.

Nagnuo sam se prema dečaku i dotakao njegovu ruku.

– Hoćeš li mi kasnije dati da malo čitam?

Dečak odrečno mahnu glavom.

– Uostalom, otkud sam ja mogao znati? – reče slovoslagač Kovalski. – Pa bio je oglas na stubu.

Zaćutasmo. Ispod tavanice je gorelo mutno svetlo. Sedeli smo na dvema poderanim slamaricama. U uglu kod prozora sedeo je, s glavom na kolenima, činovnik Šrajer iz Mokotovske, čije su dve kćeri išle u ilegalnu gimnaziju. Uši su mu bile sve klempavije. Gestapovac Matula koji je išao u rekviziciju, sedeo je leđima okrenut vratima i zaklanjao karte izložene na slamarici. Na drugoj slamarici sedeo je Kovalski, slovoslagač iz Bednarske, koji je u ilegalnoj štampariji kupovao otoman. Pored njega sedeo je dečak koji je pisao kredom po zidovima i čitao Bibliju. Kozera, crnoberzijanac iz Malkinje, hodao je od slamarice do vrata i natrag.

Vrata su bila crna i niska, puna urezanih imena i datuma.

Iza crnih rešetaka razbijenog prozora blistao se riđi delić krova od kuhinje i svetlelo se ljubičasto nebo. Niže je bio zid. Na zidu su se uzdizale stražarske kule s mitraljezima.

Dalje iza zida stajale su puste kuće geta s praznim prozorima, u kojima je lebdelo perje iz iskidanih jastuka i perina.

Činovnik Šrajer je podigao glavu iznad kolena i gledao dečaka s Biblijom.

Dečak je opet čitao držeći knjigu blizu očiju.

U hodniku se razlegoše koraci. Zvučale su gvozdene ploče koje su pokrivale pod. Vrata od ćelije počeše da škripe.

– Najzad su stigli – reče slovoslagač Kovalski, koji je osluškivao sa Šrajerom. – Baš sam radoznao koliko ima novih.

– Ta roba neće nikad da zafali. Ne treba da je švercuju. Sama će doći – reče Kozera crnoberzijanac iz Malkinje.

– Mada ima od toga i neke vajde kad nam kažu šta ima novo na svetu – reče Matula, koji je išao u rekviziciju i čekao izvršenje smrtne kazne.

– Bili ste u tom svetu još pre dve nedelje – reče činovnik Šrajer. – Mnogo ste toga znali, pa šta ima novo?

– Ali ja ne znam da li ću za dve nedelje još biti na ovom svetu – odgovori Matula.

– A šta se tebe tiče šta ima novo? Ionako ti sleduje streljanje, zar ne? – reče Kozera.

– Ako se rat ubrzo završi, možda me neće streljati?

– I poljski sud bi te streljao za pljačku – reče slovoslagač Kovalski.

– A tebi će dati Krst za zasluge što si kupovao otoman.

Vrata od ćelije se opet otvoriše. Uđe Mlavek koji je bio na isleđenju. Vrata se zalupiše za njim.

– Pa kako je, momci? – upita. – Danas sam imao prpu. Mislio sam da ću ostati preko noći. Došli su drugim automobilom.

– Drveće verovatno već cveta? Ljudi idu ulicama kao da se ništa ne dešava, zar ne?

– Nisi video sâm, kad si išao? Ljudi žive, žive.

– Evo ti čorba. – Slovoslagač Kovalski pruži mu porciju s večerom. – Ono od ručka su pojeli.

– Doneli su za večeru čorbu od graha s hlebom. Nije loša klopa.

– Zato izvanredno greju – reče Mlavski. Stajao je kraj slamarice i sekao kašikom čorbu koja se stegla kao pihtije.
– Kako si prošao? Možeš li da sediš?
– Ma šta sam dobio! Skoro da me nisu ni dirnuli. Samo u tramvaju. Imali smo poznanika referenta. Poslovao je s ocem u Radomu. Znaš kako je to, zar ne? – lagano je zahvatao čorbu kašikom. – Volim tu kiselicu. Ponekad je dobrog ukusa, mada je hladna. Kao kod kuće. Danas ima dosta krompira.
– Rekao sam redaru da je to za tebe. Zahvatio je sa samog dna – odgovorio sam.
– A šta je rekao referent? – upita činovnik Šrajer kod koga su našli novine i priznanice.
– Ništa nije rekao – odgovori nabusito Mlavski. Ostavio je porciju kod kofe i skinuo kaput. – Dobio sam po labrnji za tvoj kaput. Ispalo je staklo ispod postave. Hoćeš li da se koljеš time, je li?
– Za svaki slučaj – odgovorih i stavih kaput pod leđa. Pozajmio ga je od mene kad je pošao na isleđenje, jer se bojao da će mu u policiji oduzeti njegovu skoro novu kožnu jaknu. Mlavski je seo pored mene.
– Znaš – reče šapatom – predložio je ocu da postanem doušnik. Šta misliš?
– Šta otac misli? – ipitah.
– Otac se složio. Šta je mogao da radi, reci?
Slegoh ramenima. Mlavski se obrati dečaku s Biblijom.
– Novi, a? Jesam li te ja možda video u policiji, a? Nisi sedeo sa mnom u tramvaju?
– Ne – odgovori dečak nad Biblijom. – Nisam sedeo ni u jednom tramvaju.
– On kaže da ga je na ulici uhvatio plavi murija i dovezao fijakerom u zatvor – reče Mlavskom Kozera, koji je stajao kod vrata.

– Opkladio bih se da sam te video u policiji – reče Mlavski dečaku – ali kad kažeš da te je policajac uhvatio... Čudno, ali može biti.

Ćutali smo. Između neba i crnih rešetaka leglo je prolećno veče osvetljeno odozgo svetiljkama zatvora. Šrajer je sedeo s licem u rukama, između kojih su štrčale uši, sve klempavije od gladi. Kozera je hodao od vrata do slamarice i natrag. Dečak je čitao Bibliju.

– Hoćeš li da igraš ajnca? – upita me Matula. – Čovek tu sedi kao proštac. Možda ću da povratim pare.

– Ostavite sad karte – reče Šrajer ne pokazujući lice. – Rođenu majku biste prodali. Taj čovek...

Zaćutao je. Micao je veštačkom vilicom.

– Gle, javio se. Inteligent iz novina – reče Matula. – Hoćeš li da igraš?

– Bolje da ustanete za prozivku. Redar se već dere – reče Kovalski, slovoslagač iz Bednarske.

Ustali smo sa slamarica. Postrojili smo se u vrstu, licem prema vratima.

– Danas je na službi Ukrajinac. Ali možda će biti mirno – progunđah Mlavskom. Klimnuo je glavom.

Otvorili su vrata naše ćelije. U vratima je stajao debeli, mali esesovac crvenog, kvadratnog lica i retke, svetle kose. Usne su mu bile jako stisnute. Na krivim nogama je imao blistave, visoke čizme. Za pojasom je nosio pištolj kalibra 7 mm. U ruci je držao korbač. Iza njega je stajao visoki Ukrajinac s ključevima. Crna vojnička kapa bila mu je prkosno zabačena na uvo. Pored njega je stajao šrajber, mali suvonjavi Jevrejin, advokat iz geta. Šrajber je držao u ruci papire.

Šrajer iz Mokotovske promrmlja na nemačkom nekoliko naučenih reči. Ćelija ta i ta, s toliko i toliko zatvorenika. Svi prisutni.

Crveni stražar pažljivo izbroja prstom.
– *Ja* – reče. *Stimmt*[1]. Šrajber, ko je odavde?
Šrajber približi papire očima.
– Benedikt Matula – pročitao je i pogledao nas.
– O, bože moj, momci, mene će streljati! – šapnu glasno.
– *Los*, izlazi, *raus!* – prodera se stražar i, uhvativši ga jednom rukom za okovratnik, izbaci ga u hodnik.
Dalje u hodniku su stajali stražari, naoružani do zuba. Šlemovi su se sumorno svetleli u bledoj svetlosti sijalice. Za pojasom su imali zadenute ručne granate.
Stražar se obrati šrajberu.
– To je sve? Idemo.
– Ne, nije sve – reče šrajber, Jevrejin, advokat iz geta. – Ima još jedan. Namokel. Zbignjev Namokel.
– Ovde – reče dečak s Biblijom.
Prišao je slamarici i uzeo kaput. Kod vrata se okrenuo, ali nije rekao ništa. Izašao je u hodnik. Vrata od ćelije zalupiše se za njim.
– I eto, prođe prozivka! Jedan dan više! Dva čoveka manje! Sledeći dan je na redu! – viknu Kozera, crnoberzijanac iz Malkinje.
– Ima li ih još mnogo? – reče bezbojno Kovalski.
– Bio je dečak, nema više dečaka.
Raskrečio se nad kiblom.
– Pišajte, momci, jer razmeštamo slamarice. Da posle niko ne gazi po glavama. Hajde, nameštaj dok se još vidi.
Počesmo da nameštamo slamarice.
– Šteta što nije ostavio Bibliju – rekoh Mlavskom. – Bilo bi šta da se čita.
– Ništa mu više ne vredi Biblija. Ali ja sam ga danas video u policiji, zakleo bih se – reče Mlavski. –

---

[1] Da... Slaže se.

Šta je to mogao da uradi onako mali? I zašto je lagao da ga je policajac uhvatio na ulici?

— Ličio je na Jevrejina i sigurno je bio Jevrejin — reče Šrajer, koji je stajao kod prozora. Već je legao na slamaricu i stenjući obavijao noge kaputom. Šušljetao je, jer je izvukao veštačku vilicu iz usta. Uvio ju je u komadiš hartije od paketa i stavio u džep.

— Samo šta će mu Biblija?

— Sigurno je bio Jevrejin. Ne bi ga inače odveli na streljanje — reče Kovalski ležući na bok pored Kozere. — Mada su i Matulu odveli.

— Kriminalac, u božju mater, rekvizitor, skupljao je noću dobrovoljne priloge — reče Kozera. — To mu je već odavno sledovalo.

Legao sam s Mlavskim. Noge smo pokrili njegovom kožnom jaknom, ostale delove kaputom. Zagnjurih glavu u meki krzneni okovratnik. Iz njega se širila prijatna toplota.

Kroz razbijeni prozor je ulazila hladnoća zasićena vlagom. Nebo je već sasvim pocrnelo. Prostor između neba i prozora, koji je ležao na nivou zemlje, bio je ispunjen zlatastom svetlošću. Gorele su sve svetiljke u zatvoru. Kroz njihov sjaj svetlucale su blede, treperave zvezde.

— Lepo je, brate, na svetu, samo što nas tu nema — rekoh tiho Mlavskom. Ležali smo pripijeni jedan uz drugog da nam bude toplije.

— Želeo bih da znam — šapnuo mi je — da li su odveli mog oca?

Okrenuo sam se prema njemu i pogledao ga u lice.

— Izišlo je danas na videlo da je Jevrejin — reče Mlavski. — Onaj referent ga je prepoznao. Zajedno su poslovali u getu, u Radomu.

— I tebe bi odveli — odgovorih šapatom.

– Mene zasad ne diraju, jer sam mešanac. Moja majka je bila Poljakinja.
– Ali ako otac treba da postane doušnik? Ne bi trebalo da ga odvedu.
– Daj bože da postane. To bi bilo dobro.
– Noću začepite gubicu – reče Kozera dižući se sa slamarice. – Hoćete li malo gimnastike pre spavanja?
Zaćutasmo i počesmo da dremamo. Negde blizu ču se tihi, tupi pucanj. Zatim drugi. Podigosmo se svi sa slamarica.
– Vidi se da ih nisu odvezli do šume. Streljaju tu negde pored zatvora – rekoh poluglasno i počeh da brojim: – četrnaest, petnaest, šesnaest...
– Streljaju preko puta kapije – reče Mlavski. Stezao mi je ruku iz sve snage.
– Morao je biti Jevrejin taj dečak s Biblijom? Koji je pucanj bio njegov? – reče slovoslagač Kovalski.
– Bolje da spavate – zašušketa činovnik iz Mokotovske, Šrajer. – Bože, bolje da spavate.
– Treba spavati – rekoh drugu.
Opet smo legli pokrivši se kožnom jaknom i kaputom. Pribili smo se bliže jedan drugom. Kroz prozor je ulazila oštra hladnoća zasićena vlagom.

DAN U HARMENCU

I

Senka kestenova je zelena i meka. Njiše se lako po još vlažnoj, sveže iskopanoj zemlji i uznosi se iznad glava u vidu bledozelene krošnje koja miriše na jutarnju rosu. Drveće čini duž puta široki špalir, a njegovi vrhovi se rasplinjavaju u koloritu neba. Omamljujući zadah močvare nadire iz ribnjaka. Trava zelena kao somot još se srebri od rose, ali zemlja se već isparava na suncu. Biće žege.

Ali senka kestenova je zelena i meka. Pokriven senkom sedim u pesku i velikim francuskim ključem zavrćem spojeve na pruzi uskog koloseka. Ključ je hladan i dobro mi leži u ruci. Svaki čas udaram njime po šinama. Metalan, surov zvuk razleže se po celom Harmencu i vraća se izdaleka kao eho koji se ne može prepoznati. Naslonjeni na lopate stoje pored mene Grci. Ali ti ljudi iz Soluna i vinogorja Makedonije boje se hladovine, te stoje na suncu, skinuvši košulje, i beskrajno sunčaju svoja mršava pleća i ramena, osuta šugom i čirevima.

– Ala ti danas vredno radiš, Tadek! Dobar dan! Nisi gladan?

– Dobar dan, gospođo Hanečka! Nisam nimalo. A osim toga, iz sve snage udaram po šinama, jer naš novi kapo... Izvinite što se ne dižem od šina, ali vi razumete: rat, *Bewegung, Arbeit*[1]...

---
[1] Pokret, rad.

Gospođa Hanečka se osmehuje.

– Pa naravno da razumem. Ne bih te prepoznala da ne znam da si to ti. Sećaš se kako si jeo ljuske od krompira, koje sam za tebe krala od kokošaka?

– Jeo sam! Ali, gospođo Hanečka, ja sam ih proždirao! Pazite esesovac je iza leđa.

Gospođa Hanečka prosu iz sita nekoliko šaka žita pilićima koji su se sjatili oko nje, ali osvrnuvši se, mahnu rukom s omalovažavanjem.

– To je samo naš šef. Imam ga u ovom prstu.

– U tako malom? Vi ste strašno hrabra žena. – I zamahnuvši tresnuh ključem po šinama, otkucavajući u njemu čest deo melodije: *La donna è mobile*[1].

– Ali, čoveče, ne galami! Možda bi, ipak, nešto pojeo? Upravo idem u kuću, pa ću ti doneti.

– Gospođo Hanečka, najlepše vam hvala. Mislim da ste me dosta prihranjivali kad sam bio jadan...

– ...ali čestit – dobaci ona s lakom ironijom.

– ...ili bar nesnalažljiv – parirao sam kako sam umeo. – *A propos* nesnalažljivosti: imao sam za vas dva lepa sapuna s najlepšim nazivom koji uopšte postoji „Varšava" i...

– i... ukrali su ih, kao i obično?

– I ukrali, kao i obično. Kad nisam imao ništa, spavao sam mirno. Sad ma kako da svežem paketiće kanapom i žicom, opet će ih razvezati. Pre nekoliko dana zdipili su mi flašu meda, a sad opet taj sapun. Ali teško lopovu kad ga uhvatim.

Gospođa Hanečka se glasno nasmeja.

– Mogu da zamislim. Baš si dete! Što se sapuna tiče, ne treba uopšte da se brineš, danas sam dobila od Ivana dva lepa komada. Ah, da ne zaboravim, predaj ovaj paketić Ivanu, to je slanina – reče ona stavljaju-

---

[1] Žena je varljiva.

ći ispod drveta mali zamotuljak. – Pogledaj kako su to lepi sapuni.

Odvila je papir nekako čudno poznat. Prišao sam i pogledao pažljivije: na oba velika komada, kao na Šihtovim sapunima, bio je utisnut stubić i natpis „Varšava".

Ćutke joj vratih zamotuljak.

– Stvarno, lep sapun.

Pogledao sam prema raštrkanim grupama ljudi koji su radili na polju. U poslednjoj, koja je vadila krompir, primetih Ivana. Kao pas ovčar oko stada budno je obilazio svoju grupu ljudi, nešto je vikao što se sa udaljenosti nije moglo čuti i uzmahivao velikom motkom, s koje je bila zderana kora.

– Ali teško tom lopovu – rekoh ne primetivši da govorim u prostor jer je gospođa Hanečka već otišla i samo mi je izdaleka dobacila okrećući za trenutak glavu:

– Ručak je, kao i obično, ispod kestenova.

– Hvala!

I počeh opet da kucam ključevima o šine i pritežem olabavljene šrafove.

Gospođa Hanečka je u neku ruku probudila oduševljenje kod Grka, jer im ponekad donosi krompir.

– Gospođa Hanečka gut, extra prima. Je li to tvoja madonna?

– Ma kakvi madonna! – negodujem, udarajući se greškom ključem po prstu – to je poznanica, eto, camerade, filos, compris, Greco bandito?

– Greco niks bandito, Greco gut čovek. Ali zašto ti ništa od nje jesti? Krompir, patatas?

– Nisam gladan, imam šta da jedem.

– Ti niks gut, niks gut – vrti glavom stari Grk, nosač iz Soluna, koji zna dvadeset jezika sa juga – mi smo gladni, večito gladni, večito, večito...

Koščate ruke se pružaju. Ispod kože prekrivene šugom i čirevima poigravaju neverovatno izrazito mišići, kao da su posebno izdvojeni, osmeh ublažava napete crte lica, ali groznicu pritajenu u očima ne može da ugasi.

– Kad budete gladni, vi je zamolite. Nek vam donese. A sad radite, laborando, jer s vama je dosadno. Idem negde drugde.

– Baš si, Tadeuše, loše postupio – reče stari Jevrejin pomaljajući se iza drugih. Lopatu je zabo u zemlju i stavši nada mnom nastavio: – I ti si bio gladan, pa nas možeš razumeti. Ništa te ne bi koštalo da nam onako donese jedno vedro krompira.

Reč v e d r o je izgovorio dugo i kao da sanjari.

– Ti se, Beker, otkači od mene s tom svojom filozofijom i prihvati se zemlje i lopate, compris? Ali da znaš: crkavaćeš a ja ću te dokrajčiti, razumeš? A znaš zašto?

– A zašto?

– Za Poznanj. A možda nije istina da si bio lagereltester u jevrejskom logoru kod Poznanja?

– A šta ako sam bio?

– A jesi li ubijao ljude? I vešao si ih o stub za tamo neku ukradenu kocku margarina, ili za somun hleba?

– Vešao sam lopove.

– Beker, kažu da je tvoj sin u karantinu.

Bekerove ruke grčevito se uhvatiše za dršku od lopate, a njegov pogled poče pažljivo da osmatra moj trup, vrat, glavu.

– Ti, pusti tu lopatu, ne gledaj tako borbeno. Možda nije istina da je tvoj sin naložio da te ubiju za one iz Poznanja?

— Tako je — reče gluho. — A drugog sina sam obesio u Poznanju ali ne za ruke, već za vrat, jer je ukrao hleb.

— Stoka! — prasnuo sam.

Ali Beker, stariji, prosed Jevrejin, malo sklon melanholiji, bio je već miran i spokojan. Pogledao me je odozgo, skoro s prezirom:

— Koliko si dugo u logoru?

— Pa... nekoliko meseci.

— Znaš, Tadeuše, mnogo mi se dopadaš — reče neočekivano — ali ti glad doista nisi osetio, a?

— Glad je stvarna onda kad čovek gleda drugog čoveka kao na objekat koji će pojesti. Ja sam već bio tako gladan. Shvataš? — A kad sam ćutao i samo s vremena na vreme kuckao ključem o šine i mahinalno se osvrtao levo i desno da ne ide kapo, on je nastavio: — Naš logor tamo — bio je mali... Odmah pored puta. Putem su išli lepo odeveni ljudi, a tek žene. Na primer, nedeljom u crkvu. Ili mladi parovi. A dalje je bilo selo, neko obično selo. Tamo su ljudi imali sve, pola kilometara od nas. A mi smo repu... čoveče, kod nas su ljudi jedni druge hteli žive da jedu! I šta, trebalo je da ne ubijem kuvare koji su za puter kupovali rakiju a za hleb cigarete? Moj sin je krao, pa sam ga ubio. Ja sam nosač i znam šta je život.

Radoznalo sam ga posmatrao kao da je to neki nov čovek.

— A ti, jesi li i ti jeo samo tvoju porciju?

— To je nešto drugo. Ja sam bio lagereltester.

— Pazi! Laborando, laborando, presto! — dreknu odjednom, jer se iza okuke puta pojavio esesovac na biciklu i prolazio pored nas, pažljivo nas posmatrajući. Grbače se odmah nisko poviše, podigoše se spremne, čvrsto držane lopate, francuski ključ udari o šine.

Esesovac nestade iza drveća, lopate se spustiše i stadoše kao ukopane. Grke obuze uobičajena apatija.
– Koliko je sati?
– Ne znam. Do ručka je daleko. Znaš, Beker, reći ću ti nešto na odlasku: danas će u logoru biti selekcija. Nadam se da ćeš zajedno sa svojim čirevima otići kroz dimnjak.
– Selekcija? Otkud znaš da će biti...
– Šta si se tako uplašio? Biće i tačka. Bojiš se, a? Lija, lija... – Zlobno se osmehujem, zadovoljan zbog ideje na koju sam došao, pevušeći tango nazvan „krematorijumskim". Prazne čovekove oči, iz kojih se naglo izgubio sav sadržaj, gledaju ukočeno ispred sebe.

II

Šine moje pruge uskog koloseka provlače se širinom celog polja. Jedan njen kraj sam doveo do gomile spaljenih kostiju prevezenih automobilima iz krematorijuma, a drugi sam potopio u ribnjak gde najzad te kosti završavaju, tamo dalje sam se šinama uspeo na brdo peska, koji će ravnomerno biti raznesen po polju da bi dao suvu podlogu veoma močvarnom zemljištu, a tamo opet položio sam ih duž nasipa od travnate zemlje, koja će se pretvoriti u pesak. Koloseci idu na razne strane, a tamo gde se ukrštaju nalazi se gvozdena okretnica, koja se prenosi čas na jednu, čas na drugu stranu.
Gomila polunagih ljudi ju je opkolila, nagnula se i čvrsto je stegla prstima.
– *Hoooch*, ho-ruk! – dreknuh podižući sugestivno ruku kao dirigent, radi boljeg efekta. Ljudi trgoše jedanput, dvaput, neko se teško pručio preko ploče, ne

mogavši sam da se održi na nogama. Pošto su ga drugovi izgazili nogama, ispuzao je iz kruga i dižući iznad zemlje peskom i suzama umrljano lice jauknuo:

– *Zu shwer, zu shwer...* Preteško je, druškane, preteško... – stavio je izranjavljenu šaku u usta i požudno sisao.

– Na posao, *auf!* Ustaj! Ajd' još jednom! *Hooch!* Ho-ruk!

– Ho-ruk!– u složnom horu ponavlja gomila, saginje se što više može, napinje zubate kao u ribe lukove svojih kičmi, napreže mišiće trupa. Ali ruke, prikovane za ploče, vise malaksale i nemoćne.

– Ho-ruk!
– Ho-ruk!

Odjednom na taj krug zategnutih grbača, na zgrčene vratove, na glave pognute do zemlje, na omlitavele ruke osu se grad udaraca. Drška od lopate bunbnjala je po glavama, derala kožu na kostima, gluho stenjala po trbuhu. Uskomešalo se oko ploče. Užasna ljudska dreka odjednom kuljnu i prekide se, a ploča se pokrenu uvis i njišući se teško zalebdi iznad glava ljudi i krenu preteći da će svakog trenutka pasti.

– Psi – dobaci kapo odlazeći – ja ću da vam pomognem.

Dišući teško brisao je rukom crveno, podbulo lice sa žutim pegama i prelazio preko njih rasejanim, tupim pogledom, kao da je te ljude video prvi put. Zatim mi se obratio:

– Ti, železničar, danas nešto vurće?
– Vruće. Kapo, ovu ploču treba položiti kraj trećeg inkubatora, zar ne? A šine?
– Sprovešćeh ih pravo u rov.
– Ali tamo je uz put zemljani nasip.

– A ti ga prekopaj. Do podne mora biti urađeno. A za uveče napravićeš mi četiri para nosila. Možda će neko morati da se odnese u logor. Vruće je danas, a?
– Vruće. Ali, kapo... Dalje, dalje s tom pločom! Do treće kuće. Kapo gleda!
– Železničar, daj mi limun.
– Pošaljite mi pipela. Nemam u džepu.
Klima nekoliko puta glavom i odlazi hramljući. Ide napolje na ždranje. Ali znam da mu tamo ništa neće dati – jer bije ljude. Postavljamo ploču. Uz strašan napor dovlače se šine, podmeću se pod njih pijuci, golim rukama se navijaju šrafovi. Gladne, grozničave ljudske figure bespomoćno bazaju, saterane, iskrvavljene. Sunce se visoko penje na nebo i sve nesnosnije greje.
– Koliko je sati, kolega?
– Deset – govorim ne dižući oči sa šina.
– Bože, bože, još dva sata do ručka. Je li istina da će danas u logoru biti selekcija, da ćemo otići u krematorijum?
Već svi znaju o selekciji. Krišom previjaju svoje rane da bi bile što čistije i manje, kidaju zavoje, masiraju mišiće, prskaju se vodom da bi bili svežiji i čiliji za uveče. Teško i herojski se bore za egzistenciju. Drugima je svejedno. Kreću se da bi izbegli batinanje, ždreu travu i lepljivu glinu da ne bi osećali glad, hodaju sumorni, još živi leševi.
– Mi smo svi – krematorijum. Ali svi će Nemci biti kaput. Rat fini, svi Nemci – krematorijum. Svi: žene, deca. Razumeš?
– Razumeš, Greco gut. Ali to nije istina, neće biti selekcije *keine Angst*[1].
Prekopavam nasip. Laka, kao poručena za ruku lopata „sama" ide u mojim rukama. Grude vlažne zem-

---

[1] Bez straha, ne boj se.

lje lako se predaju i s mekoćom polećii u vazduh. Dobro se radi kad se za doručak pojede četvrt kilograma slanine s hlebom i belim lukom i zalije se konzervom kondenzovanog mleka.

U oskudnoj senci zidanog inkubatora čučnuo je komandofirer, mali suvonjavi esesovac u razdrljenoj košulji. Umorio se od bazanja među kopačima. On zna da šiba bičem do bola. Juče me je ošinuo dvaput preko leđa.

– Glajsbauer, šta ima tamo novo?

Fijučem lopatom i nabijam zemlju na vrhu.

– Kod Orela je palo trista hiljada boljševika.

– To je dobro, zar ne? Šta misliš?

– Sigurno je dobro. Jer je tamo poginulo isto toliko Nemaca. A boljševici će za godinu dana biti ovde ako se ovako nastavi.

– Tako misliš? – osmehuje se zlobno i postavlja uobičajeno pitanje: – Koliko je do ručka?

Izvlačim časovnik, staru, srebrnu šklopociju sa smešnim rimskim ciframa. Volim ga, jer je sličan očevom časovniku. Kupio sam ga za paketić smokava.

– Jedanaest.

Ta koža i kost od čoveka ustade od zida i mirno mi ga uze iz ruke.

– Daj mi ga. Mnogo mi se sviđa.

– Ne mogu, to je moj lični, od kuće.

– Ne možeš? Onda ništa.

Zamahnuo je i tresnuo časovnik o zid. Posle toga opet seda u hladovinu i podavija noge. – Vruće je danas, a?

Ćutke podižem časovnik i počinjem da zviždim od ljutine. Najpre fokstrot o veseloj Joani, zatim stari tango o Rebeki, zatim *Varšavljanku* i *Četu*[1] i, najzad, levičarski repertoar.

---

[1] Poznate poljske patriotske pesme. – *Prim.prev.*

Upravo sam zazviždao *Internacionalu* ponavljajući u sebi: „Eto budet poslednij i rešitelnyj boj"[1] – kad me odjednom prekri visoka senka i teška ruka pade mi na vrat. Podigoh glavu i skamenih se. Iznad mene se širilo ogromno crveno, podbulo lice a drška od lopate, preteći, njihala se u vazduhu. Besprekorno belo, prugasto logoraško odelo oštro se izdvajalo od dalekog zelenila drveća. Mali crveni trougao s brojem „3277" prišiven na grudima čudno se njihao i rastao u očima.

– Šta zvižidiš? – upita kapo gledajući me pravo u oči.

– To je neki veoma poznat međunarodni slogan, gospodine kapo.

– A znaš li taj slogan?

– Pa... malo... s raznih strana – dodadoh oprezno.

– A znaš li ovo? – upita.

I promuklim glasom poče da peva „*Rote Fahne*"[2]. Odbacio je dršku od lopate, oči mu nemirno zasjaše. Odjednom prekide, podiže motku i poče da klima glavom, u čemu je bilo i prezira i žaljenja.

– Da je to čuo pravi esesovac, ti više ne bi bio živ. Ali ovaj...

Kostur kod zida smeje se široko i dobrodušno:

– I vi to zovete robijom? Trebalo je da budete kao ja na Kavkazu!

– Komandofireru, već smo zasuli jedan ribnjak ljudskim kostima, a koliko je pre toga zasuto i koliko je otišlo u Vislu, to ni ja a ni vi ne znamo.

– Začepi gubicu, krmku jedan! – i ustade od zida, mašajući se za ispušteni bič.

– Uzmi ljude i idi po ručak – reče brzo kapo.

---
[1] „To će biti poslednji i odlučni boj."
[2] „Crvena zastava" – nemačka revolucionarna pesma. – *Prim. prev.*

Bacam lopatu i nestajem iza ugla inkubatora. Izdaleka još čujem glas kapoa, promukao i sipljiv:
– Da, da, to su krmci. Treba ih sve potamaniti. Imate pravo, gospodine komandofireru.
Pogledao sam ih pogledom punim mržnje.

III

Izlazim na put koji vodi kroz Harmence. Visoki kestenovi šume, senka je još zelenija, ali kao da je suvlja. Kao suvo lišće. To je senka podneva.

Posle izlaska na put treba ovavezno proći pored male kućice sa zelenim prozorima i zelenim kapcima na njima, koji u sredini imaju nespretno izrezana srca, i s belim, napola smaknutim zavesicama. Ispod prozora se uspinju nežne ruže blede, zagasite boje, a u sandučićima rastu neki čudno ljubičasti cvetići. Na stepenicama s doksatom opletenim tamnozelenim bršljanom igra se devojčica s velikim brundavim psom. Pas, kome je očigledno sve dozlogrdilo, dopušta da ga vuče za uši, i samo vrti glavom, braneći se od muva. Devojčica ima na sebi belu haljinicu, ruke su joj preplanule, mrke. Pas je rase doberman, s mrkim podgušnjakom, a ta devojčica je kćerka unteršarfirera, domaćina iz Harmenca. A ta kućica s ružicama i zavesicama to je njegov dom.

Pre nego što se iziđe na put, treba preći nekoliko metara muljevitog, lepljivog blata, zemlje pomešane sa strugotinom i polivene dezinfekcionim sredstvom. To je da se ne bi donela kakva epidemija u Harmence. Zaobilazim oprezno sa strane tu gadost i zajedno izlazimo na put gde stoje poređani kazani s čorbom. Dovezao ih je automobil iz logora. Svaki komando ima svoje kazane obeležene kredom. Zaobilazim ih.

Stigli smo na vreme, još ih niko nije ukrao. Treba čovek sam da pokuša.

– Pet je naših, dobro, uzimaj, ova dva reda pripadaju ženama, frke ne sme da bude. Aha, evo – glasno vodim monolog i izvlačim kazan susednog komanda, a na njegovo mesto poturam naš, upola manji, i ispisujem nove znakove kredom.

– Uzimaj! – gromko dovikujem Grcima, koji posmatraju ovu sumnjivu rabotu s punim razumevanjem.

– Ej, ti što si zamenio kazane! Čekaj, stoj! – viču oni iz drugog komanda, koji takođe idu po ručak, samo su zakasnili.

– Ko ti je zamenio? Začepi gubicu, čoveče!

Oni trče, ali Grci, vukući kazane po zemlji, stenjući i psujući kako to oni znaju: putare i porka, gurajući i terajući jedan drugog, nestaju iza pritke koja deli svet od Harmenca. Prelazim iza njih poslednji, čujem kako su oni tamo već kod kazana i kako mi skidaju svece s neba, a moju familiju spominju sve po spisku. Ali sve je u redu: danas ja, sutra oni, ko prvi devojci, onome i devojka. Naš patriotizam u komandu ne prevazilazi nikad okvire sporta.

Čorba klokoće u kazanima. Grci svakih nekoliko koraka spuštaju kazane na zemlju. Dišu teško kao ribe izbačene na obalu i krišom ližu prstima gustu masu, koja curi u tankim mlazevima ispod slabo zaptivenih poklopaca. Znam njen ukus pomešan s prašinom, prljavštinom i znojem ruku, jer sam nedavno lično nosio te kazane.

Spuštaju kazane i gledaju me u lice s iščekivanjem. Svečano prilazim srednjem kazanu, lagano odvrćem zavrtnje, tokom beskonačno duge polovine sekunde držim ruku na poklopcu i – podižem ga. Desetak pari očiju se gasi od razočarenja: kopriva.

Retka, bela tekućina pljuska u kazanu. Po površini plivaju žuta okca margarina. Ali svi poznaju po boji da dole leže cele, neposečene, vlaknaste koprive boje truleži i ogavnog mirisa, da je čorba do samog dna ista: voda, voda, voda... Za trenutak svet se smrkava u očima nosača. Stavljam poklopac na kazan. Ćutke nosimo kazane dole.

Obilazim sada u velikom luku polje prema Ivanovoj grupi, koja skida površinski sloj livade kraj krompirišta. Dugi red ljudi u prugastim odelima stoji nepomično pored crnog bedema od zemlje. S vremena na vreme pokrene se lopata, neko se pogne, zamre za trenutak u tom pokretu, lagano se ispravlja, pokrene lopatu i ukoči se na duže u polupokretu, u nedovršenom gestu kao životinja zvana lenjivac. Za koji trenutak pokrenuće se neko drugi, zamahnuće lopatom i zapašće isto tako u nemoćnu otupelost. Ne rade rukama, već očima. Kad se na horizontu pojavi esesovac ili kapo, ili kad se iz udubljenja, gde vlada vlažna senka sveže iskopane zemlje, s mukom iskobelja nadzornik, lopate življe zvekeću, mada lete prazne dok je to moguće, udovi se pokreću kao u filmu – smešno, nezgrapno.

Natrapao sam pravo na Ivana. On sedi u svom udubljenju i britvom urezuje ukrase na kori debele motke: kvadrate, zmijaste linije, mala srca, ukrajinske natpise. Pored njega je klečao stari Grk, čovek od poverenja, i nešto pakovao u njegovu torbu. Uspeo sam još da spazim belo, perjasto krilo i crvenu guščiju glavu, nekako čudno izvijenu na leđa, kad Ivan, spazivši me, baci kaput na vreću. Slanina mi je omekšala u džepu, i imao sam ružnu mrlju na pantalonama.

– Od gospođe Hanečke – rekoh kratko.
– Nije ništa rekla? Trebalo je da donese jaja?
– Zahvalila ti se za sapun. Mnogo joj se svideo.

– To horošo. Ja je juče kupio od Jevrejina iz Kanade. Dao tri jaja.
Ivan razvija slaninu. Sva je izmuljana, rasparena i žuta. Muka me hvata kad je vidim, možda i zato što sam je jutros previše pojeo i još podrigujem na nju.
– O, kurva! Samo je toliko dala za onakva dva komada? Kolača ti nije dala? – Ivan me gleda sumnjičavo.
– Da znaš, Ivane, stvarno ti je dala jako malo. Video sam taj sapun.
– Video si ga? – Ivan se nemirno pokrenuo u udubljenju. – Treba da se ide, ljude treba poterati na posao.
– Video sam. Jako malo ti je dala. Više ti pripada. Naročito od mene. Potrudiću se da ti se revanširam.
Jedan trenutak gledamo oštro jedan drugog u oči.

IV

Iznad samog rova izrastao je iđirot, a sa druge strane gde stoji glupi, brkati post s nekoliko trouglova odsluženih godina na ramenu, rastu maline s bledim, reklo bi se, prašnjavim lišćem. Po dnu rova teče mutna voda, u njoj caruju neki zeleni, ljigavi monstrumi, ponekad se s muljem izvuče crna, vijugava jegulja. Grci je jedu onako sirovu.
Širim krake iznad rova i lopatom lagano prevlačim po dnu. Stojim oprezno da ne pokvasim cipele. Post mi prilazi bliže i ćuteći me posmatra.
– Šta će tu da se radi?
– Nasip, a zatim ćemo očistiti rov, gospodine post.
– Odakle ti tako lepe cipele?

Cipele su mi doista lepe: s duplim đonom, ručno šivene cipele veoma istančanog ukusa, rupičaste po mađarskoj modi. Doneli su ih prijatelji sa rampe.

– Dobio sam ih u logoru zajedno s košuljom – odgovorih pokazujući mu svilenu košulju, za koju sam dao valjda oko kilogram paradajza.

– Zar takve cipele daju kod vas? Gledaj u kakvim ja idem.

Pokazuje mi naborane i popucale cipele. Na vrhu leve zakrpa. Klimam glavom s razumevanjem.

– A ne bi li mi prodao te tvoje cipele?

Upravih na njega pogled pun bezgraničnog čuđenja.

– Pa kako mogu da vam prodam ono što je svojina logora? Kako ja to mogu?

Post naslanja pušku o klupu i prilazi mi bliže naginjući se nad vodu, u kojoj se vidi odraz njegove figure. Dohvatio sam lopatu i zamutio sliku.

– Sve je slobodno ako niko ne vidi. Dobićeš hleba, imam u torbici.

Te nedelje sam dobio šesnaest hlebova iz Varšave. Osim toga, za takve cipele dobija se pola litra rakije k'o bog. Prema tome ja se smeškam.

– Hvala, u logoru dobijamo takve porcije da nisam gladan. Hleba i slanine imamo dosta. Ali ako imate previše hleba, dajte ga onim Jevrejima koji rade tamo kod nasipa. Eno onaj što nosi busenje – to je vrlo čestit momak. Uostalom, ove cipele nisu dobre, đon se odvalio. – Doista, u đonu se nazirala pukotina: tamo se ponekad čuva po nekoliko dolara, ponekad nekoliko maraka, ponekad neko pismo. Post grize usne i gleda me mršteći obrve.

– Zašto si uhapšen?

– Išao sam ulicom, bila je racija. Uhvatili su me, zatvorili i dovezli. Potpuno sam nevin.

– Vi svi tako govorite!
– Nije istina, ne svi. Mog prijatelja su uhvatili zato što je pevao falš, razumete gospodine post, *falsch gesungen*.

Lopata kojom neprekidno povlačim po dnu muljevitog rova zakačila je nešto tvrdo. Cimam: žica. Ružno opsovah sebi u bradu, a glupavi post me gleda.

– *Was falsch gesungen?*[1]
– O, to je cela priča. Jednom u Varšavi, kad su za vreme bogosluženja pevane crkvene pesme, moj prijatelj je počeo pevati nacionalnu himnu. A pošto je pevao veoma falš, zatvorili su ga. I rekli su da ga neće pustiti sve dok ne nauči note. Čak su ga i tukli, ali slaba vajda, verovatno će sedeti sve do kraja rata, jer je sasvim nemuzikalan. Jednom je čak pobrkao nemački marš sa Šopenovim maršem.

Post nešto siknu i ode prema klupi. Seo je, podigao zamišljeno pušku i igrajući se zatvaračem repetirao. Podigao je glavu kao da se nečega prisećao.

– Ti, Varšavljanine, dođi, daću ti hleba da ga daš Jevrejima – reče mašajući se za torbu.

Osmehujem se najljubaznije što mogu.

S druge strane rova ide stražarska linija i stražari smeju da pucaju u ljude. Po glavi dobijaju tri dana odsustva i pet maraka.

– Na žalost, tamo nam nije dozvoljeno da idemo. A ako hoćete, molim vas bacite hleb, ja ću ga doista uhvatiti.

Stojim u stavu iščekivanja, ali post iznenada odlaže torbu na zemlju, skače i raportira komandiru straže koji prolazi da je „sve bez većih promena".

Janek koji radi pored mene, jedno simpatično dete Varšave, koje ništa ne razume što je u vezi s logorom i valjda neće razumeti do kraja, vredno izbacuje mulj,

---

[1] Šta je pevao falš?

stavljajući ga ravno i brižljivo s druge strane, skoro direktno ispod nogu posta. Komandir straže priđe bliže i pogleda nas onako kako se gleda par konja koji vuku kola ili stoka na paši. Janek se široko osmehuje prema njemu i blagonaklono klima glavom.

– Čistimo rov, gospodine rotenfireru, ima jako mnogo blata.

Rotenfirer se prenu i pogleda zatvorenika koji je govorio s čuđenjem s kakvim se gleda zaprežni konj što je iznenada progovorio ili krava što pase, koja počne da peva moderni tango.

– Ded, hodi ovamo – reče mu.

Janek odloži lopatu, preskoči rov i priđe. Tada rotenfirer podiže ruku i tresnu ga iz sve snage po licu. Janek se zatetura, uhvati se za žbun maline u uleti u mulj. Voda zaklokota, ja se zacenih od smeha. A rotenfirer reče:

– Boli me d... šta ti radiš iznad rova. Možeš ništa da ne radiš. Ali kad govoriš esesovcu, onda imaš da skineš kapu i spustiš ruke. – Rotenfirer ode. Pomogao sam Janeku da iziđe iz blata.

– Ali zašto sam dobio, zašto, zašto? – upita zaprepašćen, ništa ne razumevajući.

– Ne istrčavaj se k'o ždrebe pred rudu – odgovorih – a sada se očisti.

Upravo završavamo čišćenje rova kad naiđe kapov pipel. Mašam se za torbu, premeštam hleb, slaninu i luk. Izvlačim limun. Post me s druge strane posmatra ćuteći.

– Pipel, dođi ovamo. Imam nešto. Znaš za koga.

– Dobro, Tadek. Čuj, imaš li nešto za jelo? Ali znaš, nešto slatko. Ili jaja. Ne, ne, nisam gladan, jeo sam napolju. Dobio sam od gospođe Hanečke malo kajgane. Silna žena! Samo bi htela sve da zna o Ivanu. A znaš, kada kapo iziđe napolje, ništa mu ne daju.

– Nek ne bije ljude pa će mu dati.
– Reci mu to.
– A zašto si pipel. Ne umeš da se snađeš. Pogledaj kako tu neki hvataju guske i uveče ih prže u bloku, a tvoj kapo jede čorbu. Je li mu prijala jučerašnja kopriva?

Pipel me ispitivački gleda. To je mlad ali vrlo spretan momak. Nemac je, bio je u vojsci, mada ima tek šesnaest godina. Crnoberzijančio je.

– Tadek, reci otvoreno, pa mi se razumemo. Na koga hoćeš da me nahuškaš?
– Ni na koga. Ali dobro pripazi guske.
– A znaš da je juče nestala jedna guska i da je unteršarfirer udario kapoa po njušci i oduzeo mu od besa sat? E, pa, idem i pogledaću.

Idemo zajedno jer je već pauza za ručak. Resko zviždе od strane gde su kazani i mašu rukama. Kako je ko stajao, baca alat. Lopate štrče na nasipima. Sa čitavog polja idu lagano umorni ljudi prema kazanima, želeći da produže blaženi trenutak uoči ručka, glad koju će odmah početi da ublažuju. Iza svih se vuče Ivanova grupa, koja je okasnila. Ivan se zadržao kod rova s „mojim" postom i dugo s njim razgovara. Post pokazuje rukom. Ivan klima glavom. Dreka i dovikivanje nagnali su ga da požuri. Prolazeći pored mene dobacuje:

– Čini mi se da danas nećeš ništa uloviti.
– Dan se još nije završio – odgovorih.
Dobacuje mi iskosa zloban i izazivački pogled.

V

U praznom inkubatoru pipel razmešta posuđe, briše stolice i postavlja sto za ručak. Pisar u komandu, grčki lingivsta, skvrčio se u uglu da izgleda što manji i neprimetniji. Kroz izvaljena vrata vidi se njegovo lice boje kuvanog raka, očiju vodnjikavih kao riblja jaja. Napolju, na prostoru opkoljenom visokim zemljanim nasipom, posadili su zatvorenike. Sedeli su kao što su i stajali – po pet u vratima i u grupama. Sede skrštenih nogu, ispravljeni, ruke su im spuštene do bedara. Za vreme izdavanja ručka ne smeju se pokrenuti. Kasnije će moći da se nagnu nazad i naslone na kolena svojih drugova, ali teško njima ako poremete red u vrstama. Sa strane, u senci nasipa nehajno sede esesovci, nonšalantno položivši automate na kolena, izvlače iz torbi i ranaca hleb, pažljivo ga mažu margarinom i jedu polako i u svečanom raspoloženju. Uz jednoga je priseo Rubin, Jevrejin iz Kanade, i tiho razgovara s njim. Svršava neki posao – za sebe i za kapoa. Sam kapo, ogroman i crven, stoji kraj kazana.

Trčimo sa porcijama u ruci kao najiskusniji kelneri.

U opštoj tišini delimo čorbu, u opštoj tišini silom otimamo porcije iz ruku, koje hoće još nešto da izgrebu sa praznog dna, da još jednom obližu porciju, da krišom prevuku prstom po dnu. Kapo je skočio od kazana, upao u redove – i spazio. Udarcem noge u lice obara onog što liže porciju, udara jedanput-dvaput u donji deo trbuha i odlazi, gazeći po kolenima i rukama, ali oprezno obilazeći one što jedu.

Sve oči gledaju s naporom u lice kapoa. Još dva kazana – biće repete. Svakoga dana kapo uživa u tom trenutku. Za deset godina života u logoru pripada mu ta potpuna vlast nad ljudima. Krajem kutlače pokazuje ko je zaslužio repete – nikad neće pogrešiti. Repete dobija bolji radnik, jači, zdraviji. Bolestan, islabljen, izmršaveo čovek nema pravo na drugu porciju vode s koprivom. Ne sme se trošiti hrana na ljude koji će ubrzo proći kroz dimnjak.

Forarbajterima pripadaju po propisu dve pune porcije krompir čorbe s mesom, iskopane sa dna kazana. Osvrćem se neodlučno s porcijom u ruci, osećam na sebi nečiji uporan pogled. U prvom redu sedi Beker, požudno je uperio svoje buljave oči u čorbu.

– Evo ti, jedi, možda će ti to najzad presesti.

On ćutke hvata porciju iz ruku i počinje halapljivo da jede.

– A porciju ostavi pored sebe da je pipel pokupi jer ćeš dobiti od kapoa po njušci.

Drugu porciju dajem Andžeju. Doneće mi u zamenu za to jabuke. Radi u voćnjaku.

– Rubine, šta kaže post? – pitam poluglasno, prolazeći pored njega da bih otišao u hladovinu.

– Post kaže da su zauzeli Kijev – odgovara tiho.

Zastajem začuđen. Maše mi nestrpljivo rukom. Odlazim u hladovinu i stavljam kaput ispod sebe da ne bih uprljao svilenu košulju, nameštam se da što ugodnije odspavam. Odmaramo se koliko ko sebi može da priušti.

Kapo je otišao u inkubator i zaspao pošto je pojeo dve porcije čorbe. Tada je pipel izvukao iz džepa komad kuvanog mesa, naseckao ga na hleb i počeo da demonstrativno jede naočigled gladne gomile, zagrizajući uz meso luk kao jabuku. Ljudi su se porazmeštali jedan iza drugog u zbijenim redovima i pokrivši glave kaputima, padali u težak, nemiran san. Mi ležimo u hladovini. Preko puta nas smestio se komando devojaka s belim maramama. Izdaleka nam dovikuju i mimikom pričaju čitave priče. Poneki klima blagonaklono. Jedna devojka kleči sasvim sa strane, a u rukama ispruženim iznad glave drži veliku i tešku gredu. Esesovac, čuvar komanda, svaki čas popušta psa na povocu. Pas nasrće na njeno lice, besno lajući.

– Je li nešto ukrala? – lenjo se domišljam.

– Ne. Uhvatili su je u kukuruzu s Petrom. Petro je pobegao. – odgovori Andžej.
– Hoće li izdržati pet minuta?
– Izdržaće. To je čvrsta cura.
Nije izdržala. Povila je ruke, bacila gredu i pala na zemlju, glasno se zanoseći od plača.
– Tadik, imaš li cigaretu? Šteta, i to mi je neki život!
Zatim je obavio glavu kaputom, ugodno se ispružio i zaspao. I ja sam se spremao da zaspim kad me je trgnuo pipel.
– Kapo te zove. Pazi se, ljut je.
Kapo se probudio crvenih očiju. Trlja ih i netremice gleda u prostor.
– Ti – preteći mi je dotakao grudi – zašto si dao čorbu?
– Imam nešto drugo za jelo.
– Šta ti je on dao za to?
– Ništa.
On klima glavom u neverici. Miče ogromnom vilicom kao krava koja žvaće hranu.
– Sutra uopšte nećeš dobiti čorbu. Dobiće oni koji ništa drugo nemaju za jelo. Razumeš?
– Dobro, kapo.
– Zašto nisi napravio četiri tragača, kao što sam ti naredio? Zaboravio si?
– Nisam imao vremena. Videli ste šta sam radio pre podne.
– Napravićeš ih po podne. I pazi da se ne nađeš na njima. Ja ti to mogu uraditi.
– Mogu li sada da idem?
Tek me je sad pogledao. Uperio je u mene mrtav, prazan pogled čoveka koji je prekinut u dubokom razmišljanju.
– Šta ti tu tražiš? – upitao je.

VI

Od kestenova dopro je do mene prigušeni krik čoveka. Skupljam ključeve i navrtke, nameštam tragače jedne preko drugih i dobacujem Janeku:

– Janek, uzmi kutiju, jer će se mamica ljutiti – i prilazim putu.

Na zemlji je ležao Beker, krkljao je i pljuvao krv, a Ivan ga je udarao nogama gde god je stigao: po njušci, u stomak, mali trbuh.

– Gledaj šta je taj gad napravio! Požderao ti je ceo ručak! Prokleti lopov!

Na zemlji leži porcija gospođe Hanečke s ostatkom kaše. Beker je sav umazan kašom.

– Zario sam mu gubicu u porciju – reče teško dišući Ivan. – Svrši s njim jer ja moram da idem.

– Operi porciju – rekoh Bekeru – i stavi je ispod drveta. Pazi da te kapo ne uhvati. Upravo sam napravio četiri tragača. Znaš li šta to znači?

Na putu je Andžej vežbao dva Jevrejina. Nisu umeli da marširaju, kapo im je polomio dva štapa na glavi i rekao da moraju naučiti. Andžej im je privezao po jedan štap za nogu i objašnjavao im koliko ume: „Čortove vi deti, taj divis, ce leva, a ce prava, links, links"[1] – Grci široko otvaraju oči i marširaju u krug, od straha stružući nogama po zemlji. Ogroman oblak prašine diže se visoko uvis. Pored rova gde stoji post, onaj s kojim sam razgovarao o cipelama, rade naši momci, ravnaju zemlju, fino je nabijaju i glade lopatama, kao da je testo. Viču kad se ide prečicom jer se ostavljaju duboki tragovi.

– Tadek, šta ima novo?
– A ništa. Zauzeli su Kijev.
– A je li to istina?

---

[1] (ukr.) Đavolji sinovi, zar ne vidiš, to je leva, a to desna...

– Smešno pitanje.
Derući se tako na sav glas zaobilazim ih sa strane i idem duž rova. Odjednom iza sebe čujem da neko viče:
– *Halt, halt, du Warschauer!*[1] i malo zatim na poljskom: – Stoj, stoj!
S druge strane rova stiže me u trku „moj post", pušku je uperio kao da juriša. Veoma je uzbuđen. – Stoj, stoj!
Stajem. Post se probija kroz žbunje kupina, repetira pušku.
– Šta si sad govorio? O Kijevu? Vi tu širite političke intrige. Vi ovde imate tajnu organizaciju! Broj, broj, reci svoj broj!
Drhteći od besa i uzbuđenja izvlači komadić papira, dugo traži olovku. Osetio sam kako iz mene nešto ističe, ali sam se malo pribrao.
– Izvinite, gospodin post me nije razumeo. Gospodin post slabo razume poljski. Ja sam govorio o štapovima[2] koje je Andžej privezao Jevrejima na putu. I to je jako smešno.
– Da, da, gospodine post, baš je to govorio – potvrđuje složni hor.
Post je zamahnuo puškom kao da je hteo da me kundakom dohvati preko rova.
– Ala ti jesi lud! Ja još danas prijavim u političko! Broj, broj!
– Sto devetnaest, sto de...
– Pokaži ruke.
– Gledaj.
Pružam ruku s tetoviranim brojem i siguran sam da izdaleka ne vidi.

---
[1] Stoj, stoj, Varšavljanine.
[2] Junak pripovetke pokusava da se izvuce pozivajuci se na slicnost reci kij (stap) i Kijev (Kijev). – *Prim.prev.*

– Dođi bliže.
– Ne smem. Vi možete podneti raport, ali ja nisam „beli Vanjka".

„Beli Vanjka" se pre nekoliko dana popeo na brezu koja je rasla na stražarskoj liniji da naseče granja za metlu. U logoru se za metlu može dobiti hleb ili čorba. Post je nanišanio i opalio. Metak je prošao iskosa kroz grudi i izašao mu iza vrata. Doneli smo momka u logor. Odlazim ljut, ali me već iza ugla stiže Rubin.

– Tadek, šta si ti uradio? I šta će biti?
– A šta treba da bude?
– Pa ti ćeš im sve reći da sam to ja... Joj, kako si zabrljao. Kako si mogao tako glasno da vičeš? Ti hoćeš da me uništiš.
– Čega se ti bojiš? Kod nas ne provaljuju.
– Ja znam i ti znaš, ali *sicher ist sicher*. Sigurno je sigurno. Čuj, a kako bi bilo da daš te cipele postu. On će sigurno pristati. A ja ću pokušati da s njim porazgovaram. Ništa me ne košta. Ja sam s njim trgovao.
– Pa to je sjajno, ispričaću i za to.
– Tadek, ja sve crno vidim pred nama. Ti daj cipele, a ja ću s njim da se dogovorim. To je silan momak.
– Samo je dugovečan. Cipele ne dam, jer bih bio na šteti. Ali imam sat. Ne radi i napuklo mu je staklo, ali zato si ti tu. Uostalom daj svoj, ništa te nije koštao.
– Ej, Tadek, Tadek...
– Železničar!

Trčim prečicom preko polja. Kapove oči dobile su zloslutan izraz, a u uglovima usana pojavila se pena. Ruke, divovske ruke gorile njišu se ravnomerno, a prsti se nervozno grče:

– Šta si to trgovao sa Rubinom?
– Pa videli ste. Vi sve vidite. Dao sam mu sat.

– Štaa? – ruke polako počeše da se podižu prema mom grlu.

Skamenih se od straha. Ne napravivši ni najmanji pokret („Ta divlja zver" – prolete mi kroz glavu) i ne spuštajući pogled s njega, izručih u jednom dahu:

– Dao sam sat, jer post hoće da me prijavi u političko da se bavim ilegalnim radom.

Kapoove ruke se lagano spustiše i padoše niz bokove. Vilica mu se lako opustila kao u psa kome je prevruće. Slušajući moju priču neodlučno maše drškom od lopate.

– Idi na posao. Izlgeda da će te danas poneti u logor.

U tom trenutku on čini munjevit pokret, skače u stav mirno i skide kapu s glave. I ja odskačem pošto me je otpozadi udario bicikl. Skidam kapu. Unteršarfirer, domaćin iz Harmenca, skače s bicikla, crven od uzbuđenja:

– Šta se to dešava u ovom ludom komandu? Zašto ti ljudi tamo idu s privezanim štapovima? Ovo je radno vreme!

– Oni ne znaju da idu!

– Ako ne znaju, treba ih ubiti! A znate li da je opet nestala guska?

– Šta si stao kao glupi pas? – dreknu kapo na mene. – Andžej će ih dovesti u red. *Los!*

Poleteh stazom.

– Andžej, svršavaj s njima! Kapo je naredio!

Andžej dohvati motku i udari iz sve snage. Grk se zakloni rukom, zajauka i pade. Andžej mu postavi motku na grlo, stade na nju i zanjiha se.

Otišao sam brzo na svoju stranu.

Izdeleka vidim kako kapo i esesovac idu prema mom postu i dugo s njim razgovaraju. Kapo snažno gestikulira drškom lopate. Kapa mu je natučena na

glavu. Kad su otišli, Rubin priđe postu. Post je ustao s klupe, približio se rovu i najzad se popeo na nasip. Malo zatim maše mi Rubin.
– Zahvali se gospodinu postu što te neće prijaviti.
Rubin nema sata na ruci.
Zahvaljujem se i odlazim prema radionici. Stari Grk, onaj kod Ivana, zaustavlja me uz put.
– Camerade, camerade, onaj esesovac je iz logora, zar ne?
– A šta bi drugo moglo biti?
– Onda će danas doista biti selekcije?
I u nekoj čudnoj egzaltaciji sedi, spečeni Grk, trgovac iz Soluna, odbacuje lopatu i diže ruke uvis:
– *Nous sommes les hommes miserables. O Dieu, Dieu!*[1]
Blede, plave oči gledaju u nebo, koje je takođe plavo i bledo.

VII

Dižemo vagonet. Natovaren do vrha peskom iskočio je iz šina na samom disku. Četiri para smršalih ruku guraju vagonet jednom napred, jednom natrag, ljuljaju ga. Zanjihali su ga, podigli prednji par točkova, postavili ih na šine. Podmećem kolac, vogonet već uskače u šine, odjednom puštamo i ispravljamo se.
– Zbor! – derem se i zvižim izdaleka.
Vagonet nemoćno pada i točkovima se zariva u zemlju. Neko odbacuje nepotrebnu polugu, sipamo pesak iz vagoneta direktno na disk. Ionako će se sutra pokupiti.
Postrojavamo se. Tek malo kasnije shvatamo da je prerano. Sunce još stoji visoko. Do vrha drveta, u ko-

---
[1] Mi smo jadnici. O, Bože, Bože.

je upire nosem za vreme zbora, treba da prevali još jedan deo puta. Najviše je tri sata. Ljudska lica su nemirna i upitna. Stajemo u redove po pet, ravnamo se, pripasujemo torbe i kaiševe.

Pisar nas neprestano broji.

Iz pravca kuće idu esesovci i oni naši stražari. Opkoljavaju nas. Stojimo. Na kraju komanda nosila sa dva leša.

Na putu je nastala veća trka nego što je to uobičajeno. Ljudi Iz Harmenca idu tamo-amo, uznemireni našim ranim odlaskom. Ali za stare logoraše stvar je jasna: u logoru će doista biti selekcija.

Nekoliko puta je zalepršala marama gospođe Hanečke.

Žena skreće prema nama upitni pogled. Postavlja kotaricu na zemlju i naslanja se na ambar, gleda. Pratim njen pogled. Uznemirena gleda Ivana.

Odmah iza esesovca naišao je kapo i komandofirer, kost i koža od čoveka.

– Razmakni se i digni ruke uvis – reče kapo.

Tad smo svi razumeli: pretres. Raskopčavamo jakne, otvaramo torbe. Esesovac je spretan i brz. Prelazi rukom po telu, dohvata torbu. Pored ostataka hleba, nekoliko lukaca i neke stare slanine, tu su jabuke, svakako iz voćnjaka.

– Odakle ti to?

Dižem glavu: „moj post".

– Iz paketa, gospodine post.

Za trenutak mi ironično gleda u oči.

– Ove iste jabuke jeo sam danas posle ručka.

Vade iz džepova komade suncokreta, klipove kukuruza, zelje, štavelj, jabuke, uzastopce se otkida iz grla ljudski krik – tuku.

Unteršarfirer je iznenada ušao u sredinu stroja i izvukao u stranu starog Grka s velikom nabijenom torbom.

– Otvori – reče kratko.

Drhtavim rukama Grk otvori torbu. Unteršarfirer pogleda unutra i pozva kapoa:

– Gledaj, kapo, naša guska.

I izvuče iz torbe gusku s ogromnim, širokim krilima.

Pipel, koji je takođe pritrčao vreći, viknu trijumfalno kapou:

– Evo je, evo je, šta sam rekao!

Kapo zamahnu štapom.

– Ne tuci – reče esesovac zadržavajući mu ruku.

Izvukao je iz futrole revolver i obratio se direktno Grku, snažno gestikulirajući oružjem.

– Odakle ti to? Ako ne odgovoriš, ubiću te. – Grk je ćutao. Esesovac podiže pištolj. Pogledah Ivana. Bio je potpuno bled. Naši se pogledi susretoše. Stisnuo je usta i izišao iz stroja. Prišao je esesovcu, skinuo kapu i rekao:

– To sam mu ja dao.

Svi se pogledi zaustaviše na Ivanu. Unteršarfirer podiže korbač i ošinu ga po licu jedanput, dvaput, triput. Zatim je počeo da ga bije po glavi. Korbač je fijukao, lice zatvorenika se prekrilo krvavim prugama, ali Ivan nije padao. Stajao je s kapom u ruci, uspravan, s rukama duž bedara. Nije saginjao glavu, samo se njihao celim telom.

Unteršarfirer spusti ruku.

– Zapišite mu broj i prijavite. Komando – napred marš!

Odlazimo ravnomernim, vojničkim korakom. Iza nas ostaje gomila suncokreta, hrpa zelja, krpe i torbe, zgnječene jabuke, a iza svega leži velika guska sa crvenom glavom i širokim, belim krilima. Na kraju komanda ide Ivan, bez ičije pomoći. Za njim na nosilima nose dva leša pokrivena granjem.

Kad smo prolazili pored gospođe Hanečke, okrenuh glavu prema njoj. Stajala je bleda i uspravna, s rukama stegnutim na grudima. Usne su joj nervozno drhtale. Podigla je pogled i pogledala me. Tad sam primetio da su njene velike crne oči bile pune suza.

Posle prozivke uterali su nas u blok. Ležimo na pričnama, zavirujemo kroz pukotine i čekamo na kraj selekcije.

– Osećam se kao da sam kriv za tu celu selekciju. Taj čudan fatalizam reči. U ovom prokletom Osvjenćimu čak i ružna reč ima moć nastajanja.

– Ne uzimaj to k srcu – daj bolje nešto uz ovu paštetu.

– Nemaš paradajza?

– Nije svaki dan Badnji dan.

Odmakoh pripremljene sendviče.

– Ne mogu da jedem.

Napolju završavaju selekciju. Uzevši brojeve zapisanih, lekar-esesovac odlazi u sledeći blok. Kazik se sprema da pođe.

– Idem da kupim cigarete. A znaš, Tadek, ti si frajer, jer kad bi mi neko pojeo kašu, napravio bih od njega marmeladu.

U tom trenutku na ivici bukse ispuzala je odozgo nekakva seda, ogromna lobanja i pogledale su nas snebivljive, škiljave oči. Zatim se pojavilo Bekerovo lice, naborano i još starije.

– Tadek, imam jednu molbu za tebe.

– Kaži – rekoh naginjući se prema njemu.

– Tadek – ja idem u krematorijum.

Nagnuo sam se još bliže i pogledao mu izbliza oči: bile su mirne i prazne.

– Tadek, bio sam toliko dugo gladan. Daj mi nešto da pojedem. Za ovo poslednje veče.
Kazik me udari dlanom po kolenu.
– Poznaješ tog Jevrejina?
– To je Beker – odgovorih tiho.
– Ej, Čivo, penji se na buksu i žderi. Kad se naždereš, ostatak ponesi sa sobom u dimnjak. Penji se na buksu. ja tu ne spavam, možeš dobiti vaške.
– Tadek – uhvatio me je za rame – dođi. Imam u bloku finu pitu s jabukama, samo što je stigla od mame.
Silazeći sa bukse dotakao me je rukom.
– Gledaj – reče šapatom.
Pogledao sam Bekera. Spustio je kapke i kao slepac uzalud je tražio rukom dasku da se popne gore.

DAME I GOSPODO IZVOLITE
U GASNU KOMORU

Ceo logor je išao nag. Mi smo, doduše, već prošli kroz dezinsekciju i vratili su nam odela iz bazena s ciklonom rastvorenim u vodi, koji je izvanredno trovao vaši u odeći i ljude u gasnoj komori, a samo blokovi ograđeni od nas žičanim preprekama još nisu „fasovali" odela, ali, ipak, i jedni i drugi su išli goli: bila je užasna vrućina. Logor je strogo izolovan. Nijedan zatvorenik, nijedna vaš ne sme da prođe kroz njegovu kapiju. Prestao je rad komanda. Ceo dan hiljade ljudi prolzile su putevima i zbornim mestima, izležavale se kod zidova i na krovovima. Spavalo se na daskama, jer su slamarice i ćebad bili na dezinsekciji. Iz poslednjih blokova video se FKL – i tamo su vršili dezinsekciju. Dvadeset osam hiljada žena je svučeno i isterano iz blokova – upravo vrve po travnjacima, putevima i zbornim mestima.

Od jutra se čeka na ručak, jedu se paketi, posećuju prijatelji. Sati teku polako, kao što to biva po vrućini. Čak nema uobičajene zabave: putevi prema krematorijuju su pusti. Već nekoliko dana nema transporta. Deo Kanade je likvidiran i dodeljen komandima. Dospeli su u jedan od najtežih, u Harmence, pošto su bili dobro uhranjeni i odmorni. U logoru, naime, vlada zavidljiva pravda: kad moćni padne, prijatelji se trude da padne još niže. Kanada, naša Kanada, doduše ne miriše na smolu, kao ona Fidlerova[1], već na francuski parfem, ali verovatno u njoj ne raste onoliko visokih borova koliko ova ima sakrivenih brilijanta i novca skupljenog iz cele Evrope.

Upravo nas nekoliko sedimo na buksi, bezbrižno klateći nogama. Postavljamo lepo ispečen krhki hleb koji se osipa i malo je oporog ukusa, ali koji se nedeljama ne plesnivi. Hleb poslat čak iz Varšave. Još pre nedelju dana imala ga je u rukama moja majka. Dragi Bože, dragi Bože...

Izvlačimo slaninu, luk, otvaramo konzervu kondenzovanog mleka. Anri, velik i sav znojav, glasno sanjari o francuskom vinu koje dovoze transporti iz Strazbura, Pariza, iz Marseja...

– Čuj, *mon ami*[2], kad opet pođemo na rampu, doneću ti originalni šampanjac. Verovatno nikada nisi pio, zar ne?

– Nisam. Ali nećeš ga proneti kroz kapiju, pa nemoj da izmišljaš. Bolje se snađi za cipele, znaš one rupičaste, s duplim đonom, a o potkošulji neću ni da govorim, odavno si mi obećao.

– Malo strpljenja, strpljenja, kad dođu transporti, doneću ti sve. Opet ćemo otići na rampu.

– A možda više neće biti transporta za krematorijum? – dobacih zlobno. – Vidiš koliko je postalo lakše u logoru, imamo neograničen broj paketa, ne smeju da tuku. A pisali ste i pisma kući... Različito se tumače naređenja, i sam si pričao. Uostalom, nek ide do đavola, ponestaće ljudi.

– Ne pričaj gluposti – usta gojaznog Marseljca (to je moj prijatelj, ali ne znam mu ime), s produhovlje-

---

[1] Reč je o knjizi A. Fidlera: „Kanada miriše na smolu" – *Prim. prev.*
[2] Prijatelju.

nim licem kao na minijaturama Kosveja[1], pretrpana su sendvičem sa sardinama – ne pričaj gluposti, ne može ponestati ljudi jer mi bismo pocrkali u logoru. Svi živimo od onoga što oni donesu.

– Kako ko. Imamo pakete...

– Imaš ti i tvoj drug i deset tvojih drugova, imate vi, Poljaci, i to ne svi. Ali mi, Čive i Ruje? I šta kad ne bismo imali šta da jedemo, da nema snalaženja iz transporta, vi biste one svoje pakete tako mirno jeli? Ne bismo vam dali.

– Dali biste, ili biste crkavali od gladi kao Grci. Ko ima klope u logoru, taj ima i snage.

– Vi imate i mi imamo, zašto se svađati?

Sigurno, nema se zašto svađati. Vi imate i ja imam, jedemo zajedno, spavamo na jednoj buksi, Anri seče hleb, pravi salatu od paradajza. Odlično prija s kantinskim senfom.

U bloku ispod nas vrve ljudi, nagi, kupaju se u znoju. Tumaraju u prolazu između buksi, duž ogromne inteligentno sagrađene peći, između nekih otpadaka koji su konjsku štalu (na vratima još visi tablica „*versuchte Pferde*" – zaražene konje treba tu i tu otpremiti) izmenili u prijatnu *(gemütlich)* kuću za više od petsto ljudi. Oni se gnezde na donjim pričnama po osmorica, devetorica, leže goli, koščati, duboko upalih obraza, smrde na znoj i izlučevine. Ispod mene, na samom dnu – rabin; glavu je pokrio nekom krpom otkinutom od ćebeta i čita iz hebrejskog molitvenika, lelečući glasno i monotono.

– Možda bi mogli da ga smirimo? Dere se kao da je Boga za noge uhvatio.

– Ne silazi mi se s bukse. Nek se dere. Brže će otići kroz dimnjak.

---

[1] Kosvej Ričard (Cosway Richard) – engleski slikar (1742–1821). – *Prim.prev.*

– Religija je opijum za narod. Mnogo volim da pušim opijum – dodaje mudro s leve strane Marseljac, koji je komunista i rentijer.

– Da oni ne veruju u Boga i u zagrobni život, već bi odavno porušili krematorijume.

– A zašto vi to ne učinite?

Pitanje ima metaforički smisao, ali Marseljac odgovara: – Idiot – puni usta paradajzom i pravi pokret kao da bi hteo nešto da kaže, ali guta i ćuti. Upravo smo završavali ždranje kad se na vratima bloka napravi velika gužva, skočiše „muzelmani" i razbežaše se između buksi, u kućicu starešine bloka utrčao je kurir. Malo zatim dostojanstveno je izišao starešina bloka. Kanada! *Antreten!*[1] Ali brzo! Transport stiže.

– Bože dragi! – dreknu Anri skačući s bukse.

Marseljac se zadavio paradajzom, dohvatio je kaput, dreknuo „raus" onima što su sedeli dole i već se našao na vratima. Nastalo je komešanje na drugim buksama. Kanada je odlazila na rampu.

– Anri, cipele! – viknuh mu umesto pozdrava.

– *Keine Angst!* – odviknuo mi je već iz dvorišta.

Zapakovao sam hranu, vezao kanapom kofer, u kome su luk i paradajz iz očeve bašte u Varšavi bili pored portugalskih sardina, a slanina iz lublinskog „Bakutila" (od brata) bila je s najautentičnijom kolonijalnom robom iz Soluna. Vezao sam, navukao pantalone i sišao s bukse.

– *Platz!*[2] – dreknuh probijajući se između Grka. Odmicali su se u stranu. Na vratima nabasah na Anrija.

– *Allez, allez, vite, vite!*[3]
– *Was ist los!*[4]

---

[1] U stroj!
[2] Mesta!
[3] Hajde, hajde, brzo, brzo.
[4] Šta se dešava?

– Hoćeš li s nama na rampu?
– Mogu da pođem.
– Onda kreći, uzmi kaput! Nedostaje nekoliko ljudi, razgovarao sam sa kapoom – i izgurao me je iz bloka.

Stali smo u stroj, neko nam je zapisao brojeve, neko je na čelu viknuo „napred marš" i potrčali smo prema kapiji prećeni povicima raznojezične gomile, koju su korbačima već saterivali u blokove. Nije svako mogao ići na rampu... Već su pozdravljali ljude, već smo kod kapije.

– *Links, zwei, drai, vier! Mützen ab!*[1]– Uspravni, s rukama čvrsto priljubljenim uz bedra, čilo, gipko prolazimo kroz kapiju, skoro graciozno. Dremljivi esesovac, s velikom tablicom u ruci, broji pospane, odbrajajući prstom u vazduhu svaku petorku.

– *Hundert!*[2] – viknuo je kad je pored njega prošla poslednja.

– *Stimmt!*[3]– odgovorili su mu promuklo s čela.

Maršíramo brzo, skoro trkom. Stražara ima mnogo, mladi su, s automatima. Prolazimo pored svih sektora logora II B: nenastanjenog logora C (češkog), karantina, ulazimo dublje među kruške i jabuke trupenlazareta; u nepoznatom, reklo bi se mesečevom zelenilu, čudno nabujalom na ovom suncu od nekoliko dana, prolazimo liniju velike postenkete, trkom upadamo na drum – i evo nas na mestu. Još nekoliko desetina metara – između drveća je rampa.

Bila je to idilična rampa, kao i obično na zabačenim provincijskim stanicama. Mali prostor ograđen zelenilom visokog drveća bio je zasut šljunkom. Sa strane, kraj puta, šćurćurila se malecka drvena bara-

---
[1] Levo, dva, tri, četiri! Kape dole!
[2] Sto!
[3] Slaže se!

ka, ružnija i lošija od najružnije i najlošije stanične barake, dalje su ležale velike gomile šina, železnički pragovi, hrpa dasaka, delovi baraka, cigle, kamenje, bunarski obruči. Odavde se tovari teret za Birkenau: materijal za dalju izgradnju logora i ljudi za gasnu komoru. Običan radni dan: stižu automobili, uzimaju daske, cement, ljude...

Raspoređuju se stražari na šinama, na gredama, ispod zelene senke šljonskih kestenova, tesnim pojasom okružuju rampu. Brišu znoj sa čela, piju iz porcija. Strašna je vrućina, sunce stoji nepomično u zenitu. – Voljno! – Sedamo na ivici hladovine, kod šina. Gladni Grci (zalutalo ih je nekoliko, đavo će ga znati na koji način) pretražuju između šina, neko nalazi konzervu, plesnive zemičke, nedojedene sardine. Jedu.

– *Schweinedreck*[1] – pljuje ih mladi, visoki stražar bujne, bledožute kose i plavog, sanjalačkog pogleda – odmah ćete imati toliko za ždranje da ćete se prežderati. Dugo nećete imati volje za jelo. – Popravio je automat i obrisao lice maramicom.

– To je stoka – potvrđujemo složno.

– Ej ti, debeli – cipela posta lako dodiruje Anrijev vrat. – *Pass mal auf*[2], hoćeš li da piješ?

– Hoću, ali nemam maraka – odgovori uverljivo Francuz.

– *Schade*, šteta.

– Ali, *Herr Posten*, zar moja reč više ništa ne znači? Zar niste, *Herr Posten*, sa mnom već trgovali? *Wieviel?*[3]

– Sto. *Gemacht?*[4]

– *Gemacht.*

---

[1] Svinje svinjske (slobodan prevod). Svinjski brabonjci.
[2] Nije loše
[3] Koliko
[4] Učinjeno, gotovo, dogovoreno.

Pijemo vodu, otužna je i bez ukusa, akonto novaca i ljudi kojih još nema.

– Ej ti, pazi – kaže Francuz odbacujući praznu flašu koja se razbija negde dalje na šinama – lovu ne uzimaj jer može biti pretres. Uostalom, kog će ti đavola lova, ionako imaš šta da jedeš. Ni odelo nemoj da uzimaš jer možeš biti osumnjičen za bekstvo. Košulju uzmi, ali samo svilenu i sa okovratnikom. Ispod navuci sportsku majicu. A ako nađeš nešto za piće, nemoj me zvati. Snaći ću se, i pazi da ne dobiješ batine.

– Je l' biju?

– Naravno. Treba imati oči na leđima. *Arschaugen*.

Oko nas sede Grci, halapljivo miču vilicama kao veliki neljudski kukci, lakomo ždere buđave grudve hleba. Zbunjeni su, ne znaju šta da rade. Grede i šine unose u njih nemir. Ne vole da tegle.

– *Was wir arbeiten?*[1] – pitaju.

– *Niks. Transport kommen, alles Krematorium, compris?*[2]

– *Alles verstehen*[3] – odgovaraju na krematorijskom esperantu. Smiruju se – neće tovariti šine na automobile, niti će nositi grede.

Međutim, na rampi je nastajao sve veći žagor i gužva. Vorarbajteri dele ljude na grupe tako što će jedni otvarati i istovarati vagone koji će doći, a drugi će ići kod drvenih stepenica, objašnjavajući im šta treba da rade. Bile su to prenosne, ugodne, široke stepenice, nešto kao prilaz tribini. Stizali su hukom motocikli koji su vozili podoficire SS, okićene srebrnim amblemima, temeljne, podgojene muškarce izglačanih oficirskih čizama i blistavih prostačkih lica. Neki su sti-

---

[1] Šta mi radimo?
[2] Ništa. Transport dođe, sve u krematorijum, razumeš?
[3] Sve razumeli.

gli s tašnama, drugi su imali gipke trščane štapove. To im je davalo služben izgled i gipkost u držanju. Ulazili su u kantinu, jer je ta bedna baraka bila njihova kantina gde su leti pili mineralnu vodu – „Sudetenquelle", a zimi su se grejali kuvanim vinom, pozdravljali se na zvaničan način ispruženom rukom kao Rimljani, a zatim su prijateljski tresli desnice jedan drugom, srdačno se osmehivali, razgovarali o pismima, o vestima od kuće, o deci, pokazivali fotografije. Neki su se dostojanstveno šetali na prostoru ispred kantine, šljunak je škrgutao, cipele su škripale, srebrni kvadrati su blistali na okovratnicima, a bambusovi štapovi su nestrpljivo fijukali.

Raznolika prugasta gomila ležala je kod šina u uskim pojasevima senke, disala je teško i neravnomerno, pričala je na svom jeziku, lenjo i ravnodušno je gledala dostojanstvene ljude u zelenim uniformama, zelenilo drveća, blisko i nedostižno, toranj daleke crkvice, s koje su upravo zvonili zakasneli *angelus*[1].

– Ide transport – reče neko i svi se podigoše u iščekivanju. Iza okuke su izlazili teretni vagoni: lokomotiva je gurala otpozadi, železničar koji je stajao na kočnici nagnuo se, zamahao rukom i zviznuo. Lokomotiva je prodorno odgovorila piskom i zahuktala, voz je lagano krenuo duž stanice. U malim rešetkastim prozorima videla su se ljudska lica, bleda i uvela, kao da su bila neispavana, raščupana – prestravljene žene, muškarci, koji su, o, kakve li egzotike, imali kosu. Prolazili su lagano, zagledali su stanicu ćutke. Odjednom je u vagonima nešto počelo da se komeša i lupa o drvene zidove.

---

[1] Molitva uz večernja i jutarnja zvona (kod rimokatolika). – *Prim.prev.*

– Vode! Vazduha! – otkidali su se gluhi, očajnički krici.

Sa prozora su se naginjala ljudska lica, usta su očajnički hvatala vazduh. Zahvativši nekoliko gutljaja vazduha ljudi su nestajali sa prozora i na njihovo mesto su se probijali drugi i isto tako nestajali. Krici i ropci postajali su sve glasniji.

Čovek u zelenoj uniformi, obasut srebrom više od ostalih, s gađenjem je krivio usta. Uvukao je dim od cigarete, odbacio ju je naglim pokretom, premestio je tašnu iz desne u levu ruku i dao znak postu. Ovaj je lagano skinuo automat s ramena, nanišanio i prešao rafalom po vagonima. Utišalo se. U međuvremenu su stizali kamioni, stavili su ispred njih hoklice, rasporedili su se znalački kraj vagona. Div s tašnom je dao znak rukom.

– Ko uzme zlato ili bilo šta drugo što nije za jelo biće streljan kao lopov koji krade imovinu Rajha. Je li jasno? *Vestanden?*

– *Jawohl!*[1] – dreknuli su bez reda i individualno, mada s dobrom voljom.

– *Also loos!*[2] Na posao!

Škripnule su reze, vagoni su otvoreni. Talas svežeg vazduha je prodro unutra zapljuskujući ljude kao uglen-monoksid. Jako zbijeni, prignječeni užasnom količinom prtljaga, kofera, koferčića, ranaca, zavežljaja različite vrste (nosili su, naime, sve ono što je predstavljalo njihov raniji život, a trebalo je da s tim otpočnu budući), gnezdili su se u strašnoj teskobi, onesvešćivali su se od žege, gušili su se i gušili druge. Sad su se skupili kraj otvorenih vrata, dišući kao ribe izbačene na pesak.

---

[1] Da!
[2] Dakle, napred!

– Pažnja, silazite sa stvarima. Sve te svoje prnje ostavite pored vagona na gomilu. Kapute predajte. Leto je. Maršírajte levo. Je l' jasno?
– Gospodine, šta će biti s nama? – već iskaču na šljunak, nespokojni, rastreseni.
– Odakle ste?
– Sosnovjec, Benđin. Gospodine, šta je to? – uporno ponavljaju pitanja, zagledajući sa žarom u tuđe umorne oči.
– Ne znam, ne razumem poljski.

Postoji zakon u logoru da se ljudi koji idu u smrt varaju do poslednjeg trenutka. To je jedina dozvoljena forma milosrđa. Žega je velika. Sunce je dostiglo zenit, rapaljeno nebo podrhtava, vazduh se telasa, vetar koji na mahove prevejava preko nas, to je rasparen, tečan vazduh. Usne su već popucale, u ustima se oseća slani ukus krvi. Od dugog ležanja na suncu telo je slabo i pruža otpor. Vode, oh, vode.

Izliva se iz vagona šarolik talas, natovaren, sličan zaglupeloj, slepoj reci koja traži novo korito. Ali pre nego što dođu sebi, zapljusnuti svežim vazduhom i mirisom zelenila, već im otimaju zavežljaje iz ruku, skidaju im kapute, ženama uzimaju torbice, oduzimaju suncobrane.

– Gospodine, gospodine, ali to je za sunce, ja ne mogu...
– *Verboten*[1] – škrguće se kroz zube uz glasno siktanje.

Iza leđa stoji esesovac, miran, pribran, stručan u poslu.
– *Meine Herrschaften,* dame i gospodo, ne razbacujte tako stvari. Treba pokazati malo dobre volje. – Govori dobrodušno, a tanka trska nervozno mu se povija u rukama.

---

[1] Zabranjeno.

– Tako je, tako je – prolazeći odgovaraju višeglasno i bodrije idu duž vagona. Jedna žena brzo se saginje podižući torbicu. Fijuknu trska, žena kriknu, spotače se i pade pred noge gomile. Dete koje je za njom trčalo ciknu: „Mamele!" – neka mala, raščupana devojčica...

Raste gomila stvari, kofera, zavežljaja, ranaca, ćebadi, odela i torbica, koji se padajući otvaraju i prosipaju šarene banknote u duginim bojama, zlato, časovnike, ispred vrata vagona slažu se hrpe hleba, gomilaju tegle od marmelade i pekmeza raznih boja, rastu gomile šunki, kobasica, rasipa se šećer po šljunku. Kamioni pretrpani ljudima odlaze s paklenom bukom, praćeni lelekom i vriskom žena koje su oplakivale decu i otupelom ćutnjom iznenada osamljenih muškaraca. Oni što su otišli desno – mladi i zdravi – ti će poći u logor. Gas ih neće mimoići, ali će najpre da rade.

Kamioni odlaze i vraćaju se, neumorno kao na čudovišnoj traci. Neprestano idu kola Crvenog krsta. Ogroman krvav krst na poklopcu motora rastapa se na suncu. Neumorno voze kola Crvenog krsta: upravo se u njima prevozi gas, gas kojim se truju ljudi.

Oni iz Kanade, koji su kraj stepenica, nemaju ni trenutka predaha, odvajaju one za gasnu komoru od onih koji idu u logor, guraju prve na stepenice, nabijaju u svako vozilo otprilike po šezdeset ljudi.

Sa strane stoji mlad, glako izbrijan čovek, esesovac s beležnicom u ruci; svako vozilo je recka, kad ode šesnaest kamiona, to je otprilike hiljada. Čovek je staložen i tačan. Neće otići nijedan kamion bez njegovog znanja i njegove recke: *Ordnung muss sein.*[1] Recke rastu u hiljade, hiljade u čitave transporte, o kojima se retko govori: „iz Soluna", „iz Strazbura", „iz Roterdama". O ovome će se već danas govoriti „Ben-

---
[1] Reda mora biti.

đin". Ali će za stalno dobiti naziv „Bendin-Sosnovjec". Oni što će otići u logor iz ovog transporta dobiće brojeve: 131–132. Razume se, hiljada, ali će se skraćeno baš ovako govoriti: 131–132.

Transporti rastu u nedelje, mesece, godine. Kad se završi rat brojaće spaljene. Nabrojaće četiri i po miliona. Najkrvavija bitka rata, najveća pobeda solidarne i ujedinjene Nemačke. *Ein Reich, ein Volk, ein Führer*[1] – četiri krematorijuma. Ali u Osvjenćimu će biti šesnaest krematorijuma koji će moći da spale pedeset hiljada ljudi dnevno. Logor će se proširiti pa će sa svojim naelektrisanim žicama doći čak do Visle, nastaniće ga trista hiljada ljudi u prugastim odelima, zvaće se Verbreter-Stadt – „Grad prestupnika". Ne, ljudi neće ponestati. Spaliće Jevreje, spaliće Poljake, spaliće Ruse, doći će ljudi sa zapada i juga, s kontinenta i ostrva. Doći će ljudi u prugastim odelima, podići će razorene nemačke gradove, zoraće zemlju u parlogu, a kad izgube snagu od nemilosrdnog rada, od večitog *Bewegung! Bewegung!* – otvoriće se vrata gasnih komora. Komore će biti poboljšane, ekonomičnije, lukavije maskirane. Biće kao u Drezdenu, o kojima već kruže legende.

Već su se ispraznili vagoni. Mršav, ospičav esesovac mirno zagleda unutra, klima glavom s gađenjem, prelazi pogledom preko nas i pokazuje unutrašnjost vagona.

– *Rein.* Očistiti.

Uskačemo unutra. Razbacane po ćoškovima, u ljudskom izmetu i među izgubljenim časovnicima leže ugušene, izgažene bebe, nagi mali monstrumi s ogromnim glavama i nadutim trbusima. Iznosimo ih kao piliće, držeći ih po dve u jednoj ruci.

---

[1] Jedan Rajh, jedan narod, jedan vođa.

– Nemoj da ih nosiš u kamion. Daj ih ženama – kaže esesovac paleći cigaretu. Upaljač mu je otkazao, te je oko njega jako zabavljen.

– Uzmite, zaboga, ove bebe – praskam od besa, jer žene užasnute beže od mene, uvlačeći glave u ramena.

Bez ikakve potrebe izgovoreno je ime Božje jer žene s decom, sve bez izuzetka idu u kamion. Svi dobro znamo šta to znači i gledamo jedan drugog s mržnjom i užasom.

– Šta, nećete? – reče, reklo bi se sa čuđenjem i prekorom, ospičavi esesovac i poče da vadi revolver.

– Ne treba pucati, ja ću uzeti.

Seda, visoka žena uze od mene bebe i za trenutak mi gleda pravo u oči.

– Dete, dete – šapnula je osmehujući se. Otišla je spotičući se na šljunku.

Naslonio sam se na zid vagona. Bio sam veoma umoran. Neko me cima za ruku.

– *En avant*[1], hajdemo kod šina!

Gledam, lice mi poigrava ispred očiju, razliva se, meša se, ogromno, prozračno, s nepokretnim i ne znam zašto crnim drvećem, s gomilom koja kulja... Brzo trepćem kapcima: Anri.

– Čuj, Anri, jesmo li mi dobri ljudi?

– Zašto postavljaš glupa pitanja?

– Vidiš, prijatelju, u meni nadolazi neki sasvim nerazumljiv gnev prema tim ljudima što ja zbog njih moram da budem ovde. Nimalo ne saosećam sa njima što idu u gasnu komoru. Da bog da ih zemlja progutala. Bacio bih se na njih pesnicama. Pa to je valjda patološki, ne mogu da razumem.

– Oh, upravo je suprotno, to je normalno, predviđeno i proračunato. Muči te rampa, buniš se, a gnev

---

[1] Napred.

je najlakše iskaliti na slabijem. Čak je poželjno da ga iskališ. To je onako po mome, compris? – kaže pomalo ironično Francuz ugodno se nameštajući kod šina.
– Gledaj Grke, oni umeju da se koriste! Ždreu sve što im padne pod ruku; jedan je kraj mene pojeo teglu marmelade.
– Stoka. Sutra će polovina odapeti zbog sraćke.
– Stoka? Pa i ti si bio gladan.
– Stoka – ponavljam uporno. Zatvaram oči, čujem krike, osećam drhtanje zemlje i sparan vazduh na očnim kapcima. Grlo mi je sasvim suvo.

Ljudi prolaze i prolaze, kamioni reže kao pobesneli psi. Pred očima mi promiču leševi koje iznose iz vagona, izgažena deca, bogalji poslagani zajedno s leševima, i gomila, gomila, gomila... Vagoni prilaze, hrpe prnja, kofera, i ranaca rastu, ljudi izlaze, zagledaju u sunce, dišu, bogorade za vodu, ulaze u kamione, odlaze. Opet prilaze vagoni, opet ljudi... Osećam kako se slike mešaju u meni, ne znam da li se to stvarno dešava, ili sanjam. Odjednom vidim neko zelenilo drveća, koje se njiše s celom ulicom, sa šarenom gomilom, ali – to su Aleje! Šumi mi u glavi, osećam da ću povratiti.

Anri me cima za ruku.

– Ne spavaj, idemo da tovarimo starudije.

Više nema ljudi. Poslednji kamioni daleko promiču drumom podižući ogromne oblake prašine, voz je otišao, opustelom rampom dostojanstveno hodaju esesovci, svetlucajući srebrom svojih okovratnika. Svetlucaju uglancane čizme, blistaju se crveno zadrigla lica. Među njima je žena, tek sad postajem svestan toga da je ona tu bila sve vreme, isušena, bez grudi, koščata. Retku, bezbojnu kosu glatko je začešljala i povezala u „nordijsku" punđu, ruke je stavila u široku suknju-pantalone. Ide iz jednog ugla rampe u drugi, s pacovskim, zlim osmehom, koji joj se prilepio uz usne. Ona mrzi žensku lepotu mržnjom odurne žene koja je toga svesna. Da, video sam je više puta i dobro sam zapamtio: to je komandant FKL, došla je da vidi svoj poklon, jer je jedan deo žena sklonjen od kamiona i one će poši pešice u logor. Naši momci, frizeri iz saune, sasvim će ih lišiti kose i sjajno će se zabavljati na račun njihovog slobodarskog stida.

Dakle, tovarimo prnje. Dižemo teške kofere, prostrane, široke, bacamo ih s naporom u auto. Tamo se ređaju na gomile, sabijaju, uguravaju, sečemo ih nožem gde je to moguće – iz zadovoljstva i u potrazi za rakijom i parfemom, koji jednostavno izlivamo na sebe. Jedan kofer se otvara, ispadaju odela, knjige... Hvatam neki zamotuljak – težak je; razvijam ga: zlato, dve pune šake: kutija s časovnicima, narukvicama, ogrlice, brilijanti...

– *Gib hier*[1] – mirno govori esesovac podnoseći otvorenu tašnu punu zlata i šarene strane valute. Zatvara je, predaje oficiru, uzima drugu praznu i stražari kraj drugih kola. To zlato će otići u Rajh.

Žega, velika žega. Vazduh stoji kao nepomičan, užaren stub. Grla su suva, svaka izgovorena reč izaziva bol. Oh, voda. Grozničavo je, samo što brže, što pre u hladovinu, samo da se predahne... Završavamo utovar, poslednji kamioni odlaze, marljivo skupljamo iznad koloseka sve papiriće, iskopavamo iz sitnog šljunka neovdašnju transportnu prljavštinu „da ne bi ostalo traga od te gadosti" i u trenutku kad poslednji kamion nestaje iza drveća, a mi, najzad, idemo prema šinama da se odmorimo i popijemo (možda će Francuz opet kupiti od posta), iza okuke se čuje pištaljka železničara. Lagano, neizmerno lagano ulaze vagoni, lokomotiva odgovara prodornim piskom, s prozora

---

[1] Daj ovamo.

gledaju uvela, bleda i pljosnata lica kao da su isečena od hartije, ogromnih očiju što gore u groznici. Već su tu i kamioni, tu je i mirni gospodin s beležnicom, već su iz kantine izašli esesovci s tašnama za zlato i novac. Otvaramo vagone.

Ne, više čovek ne može da vlada sobom. Ljudima se brutalno otimaju koferi iz ruku, trzaju se i skidaju kaputi. Idite, idite, prođite. Idu, prolaze. Muškarci, žene, deca. Neki znaju.

Eto neka žena brzo ide, žuri se jedva primetno ali gozničavo. Malo dete od nekoliko godina rumenog, bucmastog lica kao u heruvima trči za njom, ne može da je stigne, pruža ručice plačući: – Mama! Mama!

– Ženo, uzmi to dete na ruke!

– Gospodine, gospodine, to nije moje dete, nije moje! – viče histerično žena i beži skrivajući rukama lice. Hoće da se sakrije, hoće da stigne među one koje neće poći kamionom, koje će poći pešice, koje će živeti. Mlada je, zdrava, lepa, hoće da živi.

Ali dete trči za njom, žaleći se na sav glas:

– Mama, mama, ne beži!

– To nije moje, nije moje, ne!

A onda ju je stigao Andrej, mornar iz Sevastopoja. Oči su mu bile mutne od rakije i žege. Stigao ju je, oborio s nogu jednim snažnim udarcem ruke, uhvatio je u padu za kosu i podigao gore. Lice mu je bilo iskrivljeno od besa.

– *Ah, ty, jebit tvoju mat', blad' jevrejskaja!*[1] To ti bežiš od svog deteta! Daću ti ja, kurvo! – Uhvatio ju je oko pasa, sčepao šapom za grlo koje je htelo da ispusti krik i zamahom je ubacio u auto kao tešku vreću žita.

– Evo ti! Uzmi i ovo! Kučko! – i bacio joj je dete pred noge.

---

[1] Ah, j... ti mater, kurvo jevrejska!

– *Gut gemacht!*[1] tako treba kažnjavati izrođene majke – reče esesovac koji je stajao kraj kola. – *Gut, gut,* Ruski.

– Molči! – zareža kroz zube Andrej i pođe prema vagonima. Ispod gomile dronjaka izvuče skrivenu vojničku čuturu, odvrnu je, primače ustima sebi, onda meni. Špiritus pali grlo. Glava buči, noge klecaju, mučnina u želucu.

Odjednom je usred tog ljudskog talasa koji je slepo nadirao u pravcu kamiona, kao reka terana nevidljivom snagom, izronila devojka, skočila s lakoćom iz vagona, pogledala unaokolo ispitivačkim pogledom kao čovek koji se nečemu jako čudi.

Bujna svetla kosa rasula joj se po ramenima u mekim talasima i ona je otrese s nestrpljenjem. Prešla je mahinalno rukama po bluzi, popravila je malo suknju. Stajala je tako jedan trenutak. Najzad je odvojila oči od gomile i prešla pogledom po našim licima, kao da nekog traži. Nesvesno sam tražio njen pogled, naše oči se susretoše.

– Čuj, čuj, reci, kuda će nas povesti?

Gledao sam je. Eto, preda mnom stoji devojka divne svetle kose, lepih grudi, u batistanoj letnjoj bluzi, pametna, zrela pogleda. Stoji, gleda mi pravo u lice i čeka. Evo gasne komore: zajednička smrt, ogavna i odvratna. Evo logora: s obrijanom glavom, vatirane sovjetske pantalone na žezi, gadan otužan miris prljavog, rasparenog ženskog tela, životinjska glad, neljudski rad i ista komora, samo još ogavnija, još odvratnija, još strašnija smrt. Ko jednom ovde uđe, neće čak ni svoj pepeo izneti na postenketu, neće se vratiti u onaj život.

„A zašto je ona to ponela, ionako će joj oduzeti" – pomislih nehotice primetivši na zglobu ruke lep ča-

---
[1] Dobro si uradio.

sovnik s malom zlatnom narukvicom. Isti takav imala je Tuska, samo je bio na crnoj uskoj vrpci.
– Čuj, odgovori mi.
Ćutao sam. Stisnula je usta.
– A znam – reče s primesom gospodskog prezira u glasu, zabacujući glavu unazad; smelo je pošla prema kamionima. Neko je hteo da je zadrži, hrabro ga je odgurnula u stranu i uspela se stepenicama u već skoro pun kamion. Samo sam primetio izdaleka bujnu svetlu kosu razvejanu na vetru.

Ulazio sam u vagone, iznosio bebe, izbacivao prtljag. Dodirivao sam leševe ali nisam mogao da savladam užasan strah koji je rastao u meni. Bežao sam od njih, ali su ležali svuda; razmešteni kao snoplje na šljunku, na cementnoj ivici ponora, u vagonima. Bebe, ogavne nage žene, muškarci izuvijani u grču. Bežim što dalje mogu. Neko me šiba trskom po leđima, krajičkom oka primećujem esesovca koji psuje, izmičem mu se i upadam u grupu prugaste Kanade. Najzad se opet uvlačim pod šine. Sunce se duboko nagnulo iznad horizonta i krvavom svetlošću na zalasku oblilo rampu. Senke drveća su se avetinjski izdužile; u tišini koja u prirodi pada pred veče ljudski krik se uznosio u nebo sve glasnije i nesnosnije.

Tek odatle, ispod šina, video se ceo pakao rampe koja se komešala. Evo dvoje ljudi je palo na zemlju, zapleteni u očajničkom zagrljaju. On je grčevito zario prste u njeno telo, zubima se uhvatio za odeću. Ona histerično vrišti, proklinje, huli, dok nije zakrkljala i zaćutala prigušena čizmom. Rascepljuju ih kao drvo i uteruju u kamion kao životinje. Evo četvorica iz Kanade tegle leš: ogromnu, podnadulu ženu, psuju i znoje se od napora, udarcima noge rasteruju zalutalu decu koja plaču po svim uglovima rampe, zavijajući užasno kao psi. Hvataju ih za vratove, glave, za ruke i bacaju na gomilu, na kamione. Ona četvorica ne mogu da podignu ženu na kamion, pozivaju druge i zajedničkim trudom ubacuju brdo mesa na otvorena kola. Sa čitave rampe snose se veliki, naduveni, podnaduli leševi. Među njih se bacaju bogalji, paralizovani, prigušeni, onesvešćeni. Brdo leševa se komeša, cvili, zavija. Šofer pali motor, odlazi.

– *Halt! Halt!* – dere se izdaleka esesovac. – Stoj, stoj, do đavola!

Vuku starca u fraku, s trakom na ruci. Starac udara glavom o šljunak, o kamenje, jauče i neprestano, monotono zapomaže: „*Ich will mit dem Hern Kommandanten sprechen* – hoću da govorim s gospodinom komandantom". To ponavlja sa staračkom upornošću tokom celog puta. Ubačen u kamion, zgažen nečijom nogom, pridavljen, neprestano krklja: „*Ich will dem...*"

– Ama umiri se, čoveče! – viče na njega mladi esesovac smejući se glasno – za pola sata ćeš razgovarati s najvišim komandantom! Samo nemoj da zaboraviš da mu kažeš: *Heil Hitler!*

Drugi nose devojčicu bez noge; drže je za ruke i za tu preostalu nogu. Suze joj teku niz lice, šapuće žalosno: „Gospodo, to boli, boli..." Bacaju je na kamion među leševe. Spaliće je živu zajedno s njima.

Pada veče hladno i zvezdano. Ležimo na šinama, neizmerno je tiho. Na visokim stubovima pale se anemične lampe, iza kruga svetlosti rasprostire se neprobojna tama. Samo korak iza nje, i čovek bespovratno nestaje. Ali oči stražara pažljivo gledaju. Automati su spremni za paljbu.

– Jesi li razmenio cipele? – pita me Anri.

– Ne.

– Zašto? Dosta mi je, dosta mi je svega!

– Već posle prvog transporta? Pomisli na mene – od Božića kroz moje ruke je prošlo valjda milion lju-

di. Najgori su transporti od Pariza: uvek čovek sretne poznanike.
- I šta im kažeš?
- Da idu na kupanje, a onda ćemo se sresti u logoru. A šta bi ti rekao?
Ćutim. Pijemo kafu pomešanu sa špiritusom, neko otvara konzervu kakaoa, meša je sa šećerom. To se zahvata rukom, kakao se lepi za usta. Opet kafa, opet špiritus.
- Anri, šta mi čekamo?
- Biće još jedan transport. Ali se ne zna.
- Ako dođe ja neću ići da ga istovarujem. Nisam u stanju.
- Uhvatilo te, a? Dobra je Kanada?! - Anri se dobroćudno osmehuje i nestaje u mraku. Ubrzo se vraća.
- Dobro. Samo pazi da te esesovac ne uhvati. Ovde ćeš sedeti sve vreme. A nabaviću ti cipele.
- Ne gnjavi me s cipelama.
Spava mi se. Duboka je noć.
Opet antreten, opet transport. Iz tame izranjaju vagoni, prolaze kroz prugu svetlosti i opet nestaju u mraku. Rampa je mala ali krug svetlosti je još manji. Istovarivaćemo redom. Negde brekću kamioni, sablasno prilaze do stepenica, farovima osvetljavaju drveće. *Wasser! Luft!*[1] Opet isto, zakasnela predstava istog filma: pucaju rafalima iz automata, vagoni se smiruju. Samo se neka devojčica nagnula do pojasa kroz prozor vagona i izgubivši ravnotežu pala na šljunak. Trenutak je ležala zaglušena, najzad se podigla i počela da ide ukrug, sve brže i brže, kruto uzmahujući rukama kao na gimnastici, hvatajući glasno vazduh i jaučući monotono, piskavo. Gušeći se - poludela je. To deluje na nerve, pa joj je pritrčao esesovac i potkovanom čizmom je udario u leđa: pala je. Prgnječio

---
[1] Vode! Vazduha!

je nogom, izvadio revolver, opali jedan i drugi put: ostala je da leži, kopajući nogama po zemlji, dok se nije smirila. Počeli su da otvaraju vagone.

Opet sam bio kraj vagona. Kuljnuo je topao, sladak miris. Ljudska planina je ispunjavala vagon do polovine, nepomična, stravično isprepletana, ali se još isparavala.

— *Ausladen!* — razleže se glas esesovca koji je izronio iz mraka. Na grudima mu je visila ručna baterijska lampa. Osvetlio je unutrašnjost vagona.

— Šta tu stojite tako glupo? Istovaruj! — i opalio je motkom preko leđa. Uhvatio sam leš za ruku: njegova šaka se grčevito stegla oko moje ruke. Trgnuo sam je kriknuvši i pobegao. Srce mi je udaralo, gušilo me u grlu. Odjednom me je spopala mučnina. Ispovraćao sam se zgrčen ispod vagona. Teturajući se iskrao sam se ispod šina.

Ležao sam na dobrom, hladnom gvožđu i sanjao o povratku u logor, o prični na kojoj nema slamarice, o malo sna među drugovima koji te noći neće otići u gasnu komoru. Odjednom mi se logor učinio nekakvim utočištem spokojstva. Stalno umiru drugi, sam čovek još nekako živi, ima šta da jede, ima snage za rad, ima otadžbinu, kuću, devojku...

Svetla sablasno svetlucaju, ljudski talas plovi bez kraja, mutan, grozničav, otupeo. Tim se ljudima čini da počinju nov život u logoru i psihički se pripremaju za tešku borbu za opstanak. Ne znaju da će odmah umreti i da im zlato, novac, brilijanti, koje tako brižljivo čuvaju u naborima i šavovima odela, u potpeticama cipela, u zakucima tela — više neće biti potrebni. Stručni, rutinirani ljudi kopaće im po utrobi, izvući će zlato ispod jezika, brilijante iz materice i debelog creva. Iščupaće im zlatne zube. U čvrsto okovanim sanducima poslaće sve to u Berlin.

Crne siluete esesovaca hodaju mirno, kao znalci svog posla. Čovek s beležnicom u ruci udara recke, dopunjava brojeve: petnaest hiljada.

Mnogo je kamiona otišlo u krematorijum. Već završavaju s poslom. Leševe smeštene na rampi uzima poslednji kamion, prnje su natovarene. Kanada natovarena hlebom, marmeladom, šećerom, koja miriše na parfem i čisto rublje, sprema se za pokret. Kapo završava s utovarom zlata, svile i crne kafe u kazan od čaja. To je za stražare na kapiji; pustiće komando bez kontrole. Nekoliko dana logor će živeti od tog transporta: ješće njegove šunke i kobasice, slatko i voće, piće njegove rakije i likere, hodaće u njegovom rublju, trgovaće njegovim zlatom i zavežljajima. Mnogo toga će izneti civili iz logora u Šljonsk, u Krakov i dalje. Doneće cigarete, jaja, rakiju i pisma od kuće.

Nekoliko dana će logor govoriti o transportu „Sosnovjec-Benđin". Bio je to dobar, bogat transport.

Na povratku u logor zvezde počinju da blede, nebo postaje sve prozračnije, uzdiže se iznad nas, noć se razvedrava. Biće vedar, topao dan.

Iz krematorijuma se vuku snažni stubovi dima i gore se spajaju u džinovsku, crnu ruku, koja se veoma lagano valja preko neba iznad Birkenaua i nestaje iza šuma prema Tšebinji. Sosnovjecki transport već gori.

Mimoilazimo se s odredom SS koji, naoružan automatskim oružjem, ide na smenu straže. Idu pod konac, čovek uz čoveka, jedna masa, jedna volja.

– *Und morgen die ganze Welt*[1]... – pevaju na sav glas.

– *Rechts ran!* Desno! – pada komanda s čela.

Sklanjamo se s puta.

---

[1] I sutra ceo svet...

KOD NAS U AUŠVICU...

Dakle, nalazim se na sanitetskom kursu. Izabrano je nas desetak iz celog Birkenaua i učiće nas maltene za doktore. Treba da znamo koliko kostiju ima čovek, kako cirkuliše krv, šta je to trbušna maramica, kako se suzbijaju stafilokoke a kako streptokoke, kako se sterilno izvodi operacija slepog creva i čemu služi pneumotoraks.

Imamo veoma uzvšenu misiju: lečićemo drugove koje „zla sudbina" muči bolešću, apatijom ili mrzovoljom prema životu. Upravo mi, desetak ljudi na dvadeset hiljada muškaraca u Birkenauu, treba da smanjimo smrtnost u logoru i podignemo duh zatvorenika. Tako nam je govorio na odlasku lagerarct, svakog je još upitao za godine i zanimanje, a kad sam mu odgovorio: – student – sa čuđenjem je podigao obrve:

– A šta ste studirali?

– Istoriju književnosti – odgovorio sam skromno.

Klimnuo je mrzovoljno glavom, seo u automobil i otišao.

Kasnije smo išli vrlo lepim putem do Osvjenćima, videli smo mnogo pejzaža, zatim nas je neko dodelio nekom bolničkom bloku da budemo gosti flegera, ali nisam bio mnogo zainteresovan za to jer sam pošao sa Stašekom u logor (znaš, to je onaj što mi je dao mrke pantalone), ja – da tražim nekog ko bi ti doneo ovo pismo, a Stašek do kuhinje i magacina da nabavi za večeru belog hleba, kocku margarina i makar jednu kobasicu, jer nas je petorica.

Naravno, nikoga nisam našao jer sam „milioner", a ovde su sve sami stari brojevi i gledaju me s visine. Ali Stašek je obećao da pošalje pismo preko svojih veza, samo da ne bude dugo, „jer mora da je dosadno tako pisati devojci svaki dan".

Dakle, kad naučim koliko kostiju ima čovek i šta je to trbušna maramica, onda ću možda imati neki savet za Tvoju piodermiju i za groznicu susetke iz Tvog kreveta. Samo se bojim da čak iako znam kako se leči *ulcus duodeni*[1], neću moći da ukradem za Tebe onu tričavu Vilkinsonovu mast za šugu, jer je trenutno nema u celom Birkenauu. Kod nas su polivali bolesnike čajem od nane, izgovarajući pri tom neke veoma delotvorne zaklinjalice, na žalost, neponovljive.

A sad nešto što se tiče ograničenja smrti: bolovao je na mom krevetu prominent, osećao se loše, imao je temperaturu, sve je češće govorio o smrti. Jednom me je pozvao k sebi. Seo sam na ivicu kreveta.

– Ja sam bio poznat u logoru, zar ne? – upitao je gledajući me nemirno u oči.

– Pa ko tebe nije znao... i zapamtio – odgovorio sam nevino.

– Gledaj – rekao je pokazujući rukom na okna pocrvenela od vatre.

Gorelo je tamo iza šume.

– Znaš, hteo bih da me polože zasebno. Da ne budem zajedno. Na gomili. Razumeš?

– Bez brige – rekao sam mu srdačno. – Daću ti čaršav. A porazgovaraću i sa grobarima.

Ćutke mi je stegao ruku. Ali sve to ništa nije trebalo. Ozdravio je i poslao mi iz logora kocku margarina. Mažem njime cipele, jer je to neki riblji. Tako

---

[1] Čir na dvanaestopalačnom crevu.

sam doprineo smanjenju smrtnosti u logoru. Ali dosta o tome jer je to previše logorska tema.

Ima skoro mesec dana da nisam dobio pismo od kuće.

II

Predivni dani: bez zborova, bez obaveza. Ceo logor je na zboru, a mi na prozoru, polunagnuti gledaoci iz drugog sveta. Osmehuju nam se ljudi, mi se osmehujemo ljudima, govore nam: „Drugovi iz Birkenaua", malo sa saosećanjem što smo tako zle sudbine, a malo i sa stidom što je njihova tako dobra. Pejzaž s prozora je nevin, krematorijum se ne vidi. Ljudi su zaljubljeni u Osvjenćim, s ponosom govore: „kod nas u Aušvicu..."

Na kraju krajeva, imaju čime da se hvale. Možeš li da zamisliš šta je Osvjenćim. Uzmi Pavjak[1], dodaj Srbiju[2], pomnoži sa dvadeset osam i postavi sve tako blizu jedno drugom da između Pavjaka bude samo malo mesta, sve opkoli dvostrukom žicom, a s tri strane betonskim zidom, preko blata postavi kaldrmu, uzgaji anemično drveće – a u sve to postavi desetak hiljada ljudi koji su nekoliko godina bili u logoru, strašno patili, preživeli najgore vreme, a sad su im pantalone tako ispeglane da imaju zavodničke rubove, pa hodaju njišući se u kukovima – sve to uradi, i razumećeš zašto toliko preziru i sažaljevaju nas, ljude iz Birkenaua, gde postoje samo drvene konjske barake, nema trotoara, a umesto kupatila s toplom vodom – ima četiri krematorijuma.

---

[1] Poznati istražni zatvor u Varšavi za vreme nemačke okupacije. – *Prim. prev.*
[2] Ženski zatvor u Pavjaku. – *Prim.prev.*

Iz bolničarske sobe, s veoma belim zidovima koji ne podsećaju mnogo na gradove, s betonskim, zatvorskim podom i sa mnogo, mnogo trospratnih prični, savršeno se vidi put za slobodu, kojim ponekad prođe čovek, ponekad automobil, ponekad kola s lotrama, a ponekad – biciklista, verovatno radnik koji se vraća s posla. Dalje, ali vrlo daleko (nemaš pojma koliko se prostora može smestiti u tako malom prozoru, hteo bih da stanujem posle rata, kad ovo preživim, u visokoj kući s prozorima koji gledaju prema polju) ima nekakvih kuća, a zatim je modra šuma. Zemlja je crna i mora biti vlažna. Kao u Stafovom sonetu, sećaš li se *Prolećne šetnje*?

Ali ima u našoj sobi stvari koje imaju više civilnog u sebi: kaljeva peć od fajansnih pločica u boji, onakvih kakvih je bilo kod nas na stovarištu. Ova peć ima lukavo ugrađen roštilj za pečenje – kao tobož nema ništa, a ono možeš da pečeš i prase. Na pričnama su „kanadska" ćebad, paperjasta kao mačje krzno. Ima belih čaršava, i to bez nabora. Postoji i sto, ponekad zastrt stolnjakom, ali samo o praznicima i kad se jede.

Prozor gleda na put s brezama – Birkenweg. Šteta što je zima i što bezlisne „žalosne" breze vise kao iskrzane metle, a umesto travnjaka pod njima leži lepljivo blato, verovatno kao u „onom" svetu iza puta, samo što ga treba mesiti nogama.

Uveče, posle prozivke, šetamo se brezovim putem dostojanstveno, s ozbiljnošću, pozdravljajući poznanike naklonom glave. Na jednoj raskrsnici stoji putokaz s reljefom, a reljef predstavlja neku dvojicu što sede na klupi i šapuću jedan drugom na uvo, a treći se naginje prema njima, podmeće svoje i prisluškuje. Upozorenje: svaki tvoj razgovor je prisluškivan, komentarisan i prijavljen gde treba. Tu jedan o drugom sve zna: kad je bio „muzelman", šta je i kod koga je nabavio, koga je ugušio a koga otkucao, i svak se podrugljivo smeška kad hvališ drugog.

Dakle, zamisli Pavjak, ko zna koliko puta umnogostručen, okružen dvostrukom bodljikavom žicom. Ne tako kao u Birkenauu gde i stražarske kule doista stoje kao rode na visokim dugim motkama, i lampe svetle na svakom trećem stubu, i žica je jednostruka, ali zato logorskim sektorima – ni broja se ne zna!

Dakle, tu nije tako: lampe svetle na svakom drugom stubu i kule su dobro podzidane, žica je dvostruka i još je tu zid.

Idemo, dakle, „birkenvegom" u našim civilnim odelima tek uzetim iz saune – jedina petorica koja nemaju prugasta logoraška odela.

Idemo posle Birekenaua izbrijani, sveži i bezbrižni. Mala gomila ljudi baza u grupicama, zadržava se ispred desetog bloka, gde iza rešetaka i čvrsto zamandaljenih prozora sede devojke – eksperimentalni kunići, ali se najčešće okuplja ispred bloka šrajbštube, ne zbog toga što je tamo sala za orkestar, biblioteka i muzej, već jednostavno što je na spratu – puf. Šta je to puf, napisaću Ti drugi put, a zasad budi radoznala...

Znaš kako je čudno pisati Tebi čije lice nisam video odavno. Tvoj lik mi se razvejava u sećanju i čak velikim naporom volje ne uspevam da ga dozovem. Ima nečeg čudovišnog u snu, u tome da te sanjam tako jasno i plastično. Znaš, san nije kao slika već kao doživljaj u kome postoji prostor i oseća se težina predmeta i toplota Tvog tela...

Teško mi je da Te zamislim na logorskoj pričnj s podsečenom kosom posle tifusa... Sećam Te se iz Pavjaka: visoka, vitka devojka blagog osmeha i tužnih očiju. U *Aleji Šuha*[1] sedela si pognute glave, i video sam samo Tvoju crnu kosu, koja je sad podsečena.

---

[1] Ulica u kojoj se nalazio zatvor Pavjak. – *Prim. prev.*

I to je najjače što je u meni ostalo odande, iz onog sveta: Tvoj lik, mada mi je tako teško da ga se setim. I zato Ti pišem tako duga pisma: jer to su moji večernji razgovori s Tobom kao onda u Skariševskoj. I zato su ta pisma tako vedra. I pored svega. I pored pognute glave pred Gestapoom, i pored tifusa i – kratko podsečene kose.

A ovi ljudi... Vidiš, oni su prošli strašnu školu logora, onog logora na početku, o kome kruže legende. Bili su teški trideset kilograma, bili su tučeni, odabirani za gasnu komoru – shvataš zašto sada imaju smešne kapute s dubokim izrezom, svojevrstan gegav hod i uzdižu Osvjenćim na svakom koraku?

A to izgleda ovako... Idemo „birkenvegom", elegantni, u civilnim odelima. Ali šta da se radi – mi smo „milioneri"! Sto tri hiljade, sto devetnaest hiljada, strava i užas što nismo stigli ranije brojeve! Prišao nam je jedan u prugastom logoraškom odelu, dvadeset sedam hiljada, stari broj, da padneš u nesvest. Mlad momak s mutnim pogledom onaniste i hodom životinje koja njuši opasnost.

– Kolege, odakle dolazite?

– A iz Birkenaua, kolega.

– Iz Birkenaua? – pogledao nas je kritički. – I tako dobro izgledate? Pa to je strašno... Kako vi možete tamo da izdržite?

Vitek, moj visoki prijatelj i odličan muzičar, odgovorio je podvijajući manžetne:

– Klavira kod nas, nažalost, nema ali se može izdržati.

Stari broj nas je pogledao kao kroz maglu.

– Jer mi se bojimo Birkenaua...

III

Kurs se stalno odlaže, jer čekamo na flegere iz okolnih logora: iz Janjine, Javožna, iz Bune. Treba da dođu i flegeri iz Glivica i iz Mislovica, daljih logora ali koji pripadaju Osvjenćimu. Međutim, čuli smo nekoliko nadahnutih govora crnog rukovodioca kursa, malog sasušenog Adolfa, koji je nedavno stigao iz Dahaua i sav je prožet kameradšaftom. On će poboljšavati zdravstveno stanje logora školovanjem flegera i smanjivati smrtnost kroz predavanja o nervnom sistemu. Adolf je neobično simpatičan i kao da je iz nekog drugog sveta, ali kao Nemac ne poznaje proporcije između stvari i pojava i hvata se za značenja reči, kao da ona čine stvarnost. Kaže *Kameraden* i misli da je to moguće. Na vratima logora ispleli su slova od gvožđa: „Rad oslobađa". Oni valjda u to veruju, oni esesovci i oni zatvorenici koji su Nemci. Oni koji su se vaspitavali na Luteru, Fihteu, Hegelu, Ničeu. Dakle, kursa zasad nema, i ja se vučem po logoru praveći turističke i psihološke izlete. U stvari, vučemo se nas nekoliko: Stašek, Vitek i ja. Stašek se obično mota oko kuhinje i magacina, tražeći one kojima je nekad nešto dao i koji su dužni da sada njemu daju. I doista uveče počinje procesija. Skupljaju se nekakvi tipovi kojima zlo viri iz očiju, prijateljski se osmehuju izbrijanim vilicama i izvlače ispod kaputa s dubokim izrezima: ovaj kocku margarina, onaj beli bolnički hleb, drugi kobasicu, onaj tamo cigarete. Sve to bacaju na donji krevet i nestaju kao na filmu. Delimo plen, dopunjavamo ga nečim iz paketa i kuvamo u peći koja ima kaljeve pločice u boji.

Vitek je u potrazi za klavirom. Ta crna kutija stoji u muzičkoj sali u bloku, tamo gde je i puf, ali u arbajtcajtu sviranje nije dozvoljeno, a posle prozivke sviraju muzičari, koji, osim toga, svake nedelje priređuju simfonijske koncerte. Obavezno ću poći da čujem.

Preko puta muzičke sale našli smo vrata s natpisom „biblioteka", ali ljudi upućeni u stvari tvrde da tu ima samo za rajhsdojčere nekoliko kriminalnih romana. Nisam proveravao, jer su vrata dobro zatvorena.

Pored biblioteke, u tom bloku kulture je političko odeljenje, a pored njega – sala muzeja. Tamo se nalaze fotografije konfiskovane iz pisama i navodno ništa više. A šteta, mogla bi tamo da se smesti ona nedopečena ljudska jetra, koju je načeo moj prijatelj Grk i dobio za to dvadeset pet po stražnjici.

Ali najvažnija stvar je smeštena na spratu. To je puf. Puf to su prozori, čak su i zimi odškrinuti. Kroz prozore se – posle prozivke – naginju ženske glave raznih nijansi, a ispod plavih, ružičastih i bledozelenih (jako volim tu boju) spavaćica izranjaju ramena snežna kao morska pena. Glava izgleda ima petnaest, a ramena trideset, ako ne računamo staru Madam, sa snažnim, epskim legendarnim grudima, koja bdi nad glavicama, vratićima, ramenima etc... Madam se ne naginje kroz prozor, ali zato uređuje kao kerber na spratu kod ulaza u puf.

Oko pufa stoji gomila logorskih prominenata. Ako Julija ima deset, onda Romea (i to ne bilo kakvih) ima oko hiljadu. Zbog toga je kod svake Julije gužva i konkurencija. Romei stoje na prozorima suprotnih blokova, viču, daju znakove rukama, mame. Tu je lagereltester i lagerskapo, tu su lekari iz bolnice i kapoi iz komanda. Mnoga Julija ima stalnog obožavaoca, pa pored uveravanja o večnoj ljubavi, o srećnom zajedničkom životu posle logora, pored prekora i prepirki, čuju se konkretniji podaci o sapunu, parfemu, svilenim gaćicama i cigaretama.

Postoji među ljudima veliko drugarstvo: ne vole nelojalnu konkurenciju. Žene s prozora su veoma osećajne i privlačne, ali nedostižne kao zlatne ribice u akvarijumu.

Tako izgleda puf spolja. Unutra se može ući jedino preko šrabštube uz karticu, koja predstavlja nagradu za dobar i marljiv rad. Doduše mi, kao gosti iz Birkenaua, i tu imamo prednost, ali smo odbili, imamo crvene vinkele, a kriminalci neka koriste šta je za njih. Zato izvini, ali ovaj opis će biti posredan, mada je zasnovan na onome što pričaju tako dobri svedoci i tako stari brojevi kao fleger (doduše, već počasni) M... iz našeg bloka, koji ima broj skoro triput manji od dve poslednje cifre mog broja. Razumeš – on je član-osnivač! Zato se gega kao patka i ima široke pantalone sa „cviklama", spreda sapete pribadačama. Uveče se vraća uzbuđen i veseo. Eto on ide u šrajbštubu i kad čitaju brojeve onih „pripuštenih", vreba na odsutnog; tad viče *hier*, hvata propusnicu i juri do Madam. Tutne joj u šaku nekoliko kutija cigareta, ona obavlja nad njim nekoliko higijenskih intervencija i poprskani fleger u velikim skokovima hita gore. Hodničićem šetaju one Julije s prozora, u spavaćicama nehajno ovijenim oko tela. Ponekad neka prođe pored flegera i kao slučajno pita:

– Koji broj imate?

– Osam – odgovara fleger, gledajući za svaki slučaj karticu.

– A, to nije za mene, to je za onu Irmu plavušu – progunđa razočarana i sporim korakom ide prema prozoru.

Tad fleger ulazi u osmicu. Na vratima još čita da te i te perverzije nisu dozvoljene jer preti bunker, da je dozvoljeno to i to (detaljan popis) i samo toliko i toliko minuta, uzdiše u pravcu špijunke kroz koju ponekad zagledaju koleginice, ponekad Madam, ponekad komandofirer pufa, a ponekad sam komandant logora, stavlja na sto kutiju cigareta i... aha, još primećuje da na ormariću stoje još dve kutije engleskih. Tek tada dolazi ono i... posle čega fleger izlazi, stavljajući u džep iz rasejanosti one dve kutije engleskih cigareta. Opet se podvrgava dezinfekciji i veseo i srećan priča nam o svemu.

Ali dezinfekcija ponekad omane, zbog čega je jednom izbila u pufu epidemija. Puf je zatvoren, po brojevima su proverili ko je bio, službeno su ih pozvali i podvrgnuti su lečenju. Pošto je trgovina propusnicama široko rasprostranjena, lečeni su pogrešni. Ha, takav je život. Žene iz pufa takođe su pravile izlete u logor. Noću su izlazile lestvama u muškim odelima i odlazile na pijanke i orgije. Ali to se nije svidelo postu iz obližnje stražare i sve se prekinulo.

Ima i drugde žena – u desetom, eksperimentalnom bloku. Tamo ih veštački oplođuju (kao što se priča), zaražuju ih tifusom, malarijom, vrše na njima hirurške intervencije. U prolazu sam video onog koji se bavi tim poslom: nosi zeleno lovačko odelo, tirolski šešir sa zabodenim sportskim značkama, ima lice dobroćudnog satira. Navodno je profesor univerziteta.

Žene su zaštićene rešetkama i daskama, ali oni jako često tamo provaljuju i nimalo veštački ih oplođuju. Stari profesor mora da je besan.

Shvati: ljudi koji to čine nisu nastrani. Ceo logor kad se najede i naspava, govori o ženama, ceo logor sanja o ženama, ceo se logor probija do njih. Lagereltester je odleteo u kazneni transport zbog toga što je vrlo često ulazio kroz prozor u puf. Devetnaestogodišnji esesovac uhvatio je u ambulanti kapelmajstora, debelog, ozbiljnog gospodina, kao i nekoliko lekara, u kompromitujućim položajima s partnerkama, koje su došle da vade zub, pa im je s motkom u ruci odrezao po hitnom postupku odgovarajuću porciju na odgovarajućem mestu. Ovakav slučaj nikog ne blamira: prosto nisu imali sreće.

U logoru raste psihoza žene. Zato su žene iz pufa tretirane kao normalne, kojima se govori o ljubavi i o porodičnom životu. Tih žena je deset, a logor broji desetak hiljada ljudi.

Zato oni tako hrle u FKL, u Birkenau. Ti ljudi su bolesni. I zamisli: to nije samo jedan Osvjenćim. To su stotine „velikih" koncentracionih logora, to su oflazi i stalazi, to su...

Znaš na šta mislim kad Ti sve ovo pišem?

Kasno je veče; razdvojen ormanom od velike sale pune bolesnika koji teško dišu u snu, sedim u maloj sobici kod crnog prozora, u kome se odražava moje lice, bledozeleni abažur lampe i beli list hartije što leži na stolu. Franc, mlad momak iz Beča, dogovorio se sa mnom već prve večeri i – sad sedim za njegovim stolom, palim njegovu lampu i pišem Ti na njegovoj hartiji. Ali ne pišem Ti o onom što smo danas govorili: o nemačkoj književnosti, o vinu, romantičarskoj filozofiji, o problemima materijalizma.

Znaš šta mislim kad Ti ovo pišem?

Mislim na Skariševsku ulicu. Gledam u mračan prozor, vidim svoj lik u oknu, a iza okna noć i nagli bleskovi reflektora iz stražara, koji izdvajaju u tami fragmente predmeta. Gledam i mislim na Skariševsku. Sećam se neba, bledog i iskričavog, spaljene kuće preko puta i rešetke na prozorskom okviru, koji preseca sliku kao vitraž.

Mislim na to koliko sam mnogo čeznuo tih dana za Tvojim telom i ponekad se blago osmehujem kad pomislim kolika je tamo morala biti gužva kad su, posle našeg hapšenja, našli kod nas, pored mojih knjiga i stihova – Tvoj parfem i kućnu haljinu, crvenu kao brokat na Velaskezovim slikama, tešku i dugu (strašno sam je voleo, najdivnije si u njoj izgledala, mada Ti o tome nikad nisam govorio).

Mislim na to koliko si samo bila zrela, koliko si mnogo dobre volje i – oprosti što Ti sad o tome pišem – žrtve uložila u naš odnos, kako si dobrovoljno ulazila u moj život u maloj sobici bez vode, u večeri sa hladnim čajem i petrolejskom lampom kod mojih roditelja, s nekoliko napola uvelih cvetova i psom koji je večito grizao.

Mislim na to i blago se osmehujem kad mi govore o moralu, o zakonu, o tradiciji, o dužnostima... Ili kad se odriču svake popustljivosti i sentimentalizma i, pokazujući pesnicu, govore o veku čvrstine. Osmehujem se i mislim da čovek uvek iznova pronalazi čoveka – kroz ljubav. I da je to najvažnija i najtrajnija stvar u ljudskom životu.

Mislim na to i sećam se ćelija u Pavjaku. Prve nedelje nisam mogao da shvatim dan bez knjige, bez večernjeg kruga svetlosti, bez lista hartije, bez Tebe...

I gledaj šta znači navika: hodao sam po ćeliji i uz ritam koraka sastavljao pesme. Jednu sam zapisao u Bibliju drugu iz zatvorske ćelije, ali od drugih – bile su to horacijevske pesme sećam se samo strofe kao što je ova iz pesme prijateljima na slobodi:

Prijatelji na slobodi! Pesmom iz zatvora vas
                                    pozdravljam
zato da znate da ne odlazim očajan.
Jer znam da će posle mene ostati i ljubav
                                    i moja poezija,
i dok je života vašeg sećanje u prijatelja.

IV

Danas je – nedelja. Pre podne smo bili u šetnji, razgledali spolja eksperimentalni ženski blok (isturaju glave kroz rešetke baš kao kunići mog oca, sećaš se onih sivih, s jednim klempavim uhom), zatim smo pažljivo razgledali blok SK (tamo u dvorištu se nalazi onaj crni zid ispred koga su streljali zatvorenike, sad to rade tiše i diskretnije – u krematorijumu). Videli smo nekoliko civila: dve zastrašene žene u krznu i čoveka s naboranim i pospanim licem. Sprovodio ih je esesovac, nemoj samo da se uplašiš, u privremeni gradski zatvor, koji se upravo nalazi u bloku SK. Žene su s užasom gledale na ljude u prugastim odelima i na moćne uređaje logora: kuće na sprat, dvostruke žice, zid iza žica, solidno građene stražare. A kad bi još znale da zid ide – kao što se priča – dva metra u dubinu da se ne bi mogli kopati tuneli ispod njih! Osmehivali smo im se jer sve je to sitnica – odsedeće nekoliko nedelja pa će izaći. Jedino ako doista dokažu da su se bavili crnom berzom. Onda će otići u krematorijum. Ti civili su smešni. Reaguju na logor kao divlje svinje kad spaze vatreno oružje. Ne razumeju mehanizam našeg života i naslućuju u svemu tome nešto neverovatno, mistično, nešto iznad ljudskih snaga. Sećaš se kako si sela užasnuta kad su Te uhapsili, pisala si mi o tome? Ja sam čitao kod Marije *Stepskog vuka* (ona je birala lektiru), ali ne znam baš sasvim dobro šta i kako.

Danas kad sam se saživeo s neverovatnim i mističnim, imajući svakodnevno krematorijum, hiljade flegmona, tuberkulozu, spoznavši šta je to kiša i vetar, i sunce, i hleb, i čorba od kupusne repice, i rad da ne ispadneš sumnjiv, i ropstvo, i vlast, idući, da tako kažem, pod ruku sa zveri – gledam sve to s izvesnom primesom blagosti, kao naučnik laika, posvećeni profanog.

Iščeprkaj iz svakodnevnih zgoda svu njihovu svakodnevnost, odbaci užas, gađenje i prezir, i nađi za sve to filozofsku formulu. Za gas i zlato, za prozivke i za puf, za civile i za stare brojeve.

Da sam ti tada rekao kad smo nas dvoje igrali u maloj sobici s narandžastom svetlošću: čuj, imaš milion ljudi ili dva, ili tri, ubij ih tako da niko o njima ne zna, čak ni oni, zatvori nekoliko stotina hiljada, slomi njihovu solidarnost, napujdaj čoveka na čoveka i... – pa ti bi me smatrala za ludaka i ko zna ne bi li prekinula igru. Ali, verovatno, tako ne bih rekao, čak da sam poznavao logor, jer ne bih hteo da narušim štimung.

A gledaj ovde: najpre jedan seoski ambar belo okrečen i – u njemu guše ljude. Zatim četiri velike zgrade – dvadeset hiljada k'o bog. Bez čarolije, bez otrova, bez hipnoze. Nekoliko ljudi koji upravljaju saobraćajem da ne bude gužve, i ljudi teku kao voda iz česme kad se odvrne slavina. To se događa između drveća u zadimljenoj šumici. Obični kamioni dovoze ljude, vraćaju se kao na traci i opet dovoze. Bez čarolije, bez otrova, bez hipnoze.

A kako to da niko ne krikne, ne pljune u lice, ne baci se na grudi. Skidamo kapu pred esesovcima koji se vraćaju iz šume, kad pročitaju, idemo s njima u smrt i – ništa? Gladujemo, kisnemo, oduzimaju nam najbliže. Vidiš: to je mistika. Eto to je opsednutost čoveka čovekom. To je divlja pasivnost koju ništa ne može slomiti. A jedino oružje – to je naš broj koji komore ne mogu da smeste.

Ili ovako: drška od lopate po glavi i sto ljudi dnevno. Ili čorba od koprive i hleb s margarinom, a zatim mlad, visok esesovac sa zgužvanim komadićem papira u šaci, broj istetoviran na ruci, zatim automobil, jedan od onih...

...znaš kad su poslednji put odabirali „Arijevce" za gasnu komoru? Četvrtog aprila. A sećaš li se kad smo stigli u logor? Dvadeset devetog aprila. A šta bi bilo s Tvojim zapaljenjem pluća da smo u logor stigli tri meseca ranije?

...znam da ležiš na zajedničkoj prični s prijateljicama, koje se verovatno veoma čude mojim rečima. „Govorila si da je taj Tadeuš vedar, a gledaj, piše samo mračne stvari." I verovatno su jako ljute na mene. Ali, ipak, možemo govoriti i o onim stvarima koje se dešavaju oko nas. Mi ne izazivamo zlo naprazno i neodgovorno, mi smo duboko u njemu.

...vidiš, opet je kasno veče, posle dana punog čudovišnih događaja.

Posle podne sam krenuo na bokserski meč u veliku baraku vašrauma, tamo odakle su najpre odlazili transporti u gasnu komoru. Pustili su nas u središte ceremonije, mada je sala bila dupke puna. U velikoj čekaonici je napravljen ring. Svetlo odozgo, sudija (nota bene – poljski olimpijski sudija), bokseri međunarodnog ugleda, ali samo Arijevci, jer Jevreji ne smeju nastupati. I ti isti ljudi koji su iz dana u dan izbijali desetine zuba, ljudi od kojih mnogi imaju praznu vilicu – oduševljavali su se Čortekom, Valterom iz Hamburga i nekakvim mladim momkom, koji je, trenirajući u logoru, izrastao, kako kažu, u veliku klasu. Ovde se još sećaju broja 77, koji je nekad mlatio Nemce kako je hteo, svetećí se za ono što su drugi dobijali napolju. Sala je bila zadimljena od cigareta, a bokseri su se tukli do mile volje. Ali, to su radili nestručno, mada s velikom upornošću.

– Eto Valtera – govorio je Stašek – samo ga gledajte! Kad je u komandu, ko hoće može jednim udarcem da obori muzelmana. A vidi ovde, tri runde, i ništa! Još su i njemu sredili njušku. Očigledno ima previše gledalaca, zar ne?

Uzgred budi rečeno, gledaoci su bili blaženi od usihćenja, a mi smo sedeli u prvom redu, razume se – kao gosti.

Odmah posle boksa, pošao sam na muzičko takmičenje, na koncert. Vi tamo u Birkenauu nemate pojma kakva se kulturna čuda dešavaju na nekoliko kilometara od krematorijuma. Zamisli, sviraju uvertiru za *Tankreda* i nešto od Berlioza, i još neke finske igre nekog kompozitora što je imao mnogo aaa u prezimenu. Šta je Varšava spram takvog orkestra! Ali ispričaću Ti po redu, a Ti slušaj, jer vredi. Dakle, izišao sam s boksa radosno uzbuđen i odmah ušao u blok u kome se nalazi puf. Ispod pufa je muzička sala. Bilo je u njoj gužve i žagora, kod zidova su stajali slušaoci, muzičari su štimovali instrumente, razmestivši se po celoj sali. Nasuprot prozora je podijum, na kome je stajao kapo kuhinje (ujedno i kapelmajstor), a krompirdžije i rolvaga (zaboravio sam da Ti napišem da orkestar u radno vreme ljušti krompir i gura kolica) počeše da sviraju. Jedva sam uspeo da se smestim između drugog klarineta i fagota. Šćućurio sam se tamo kraj prazne stolice prvog klarineta i predao se slušanju. Nikad ne bih mogao ni da pomislim kako snažno zvuči simfonijski orkestar od trideset ljudi u velikoj sobi! Kapelmajstor je mahao umereno da ne bi rukom udario u zid i otvoreno preti onima koji sviraju falš. Daće im on kad budu ljuštili krompir. Oni s krajeva sale (s jednog bubanj, a s drugog kontrabas) trudili su se koliko su mogli. Sve je zaglušivao fagot, možda zato što sam stajao tik uz njega. Ali tek kontrabas! Petnaest slušalaca (više nije stalo) znalački se udubilo u muziku i pozdravljalo orkestar jedva čujnim aplauzom... Neko je nazvao logor: *Betrugslager,* logor prevara. Retka živica kraj bele kućice, dvorište slično seoskom, tablice s natpisom „kupatilo" – dovoljni su da se zavedu milioni ljudi, da se prevare sve do smrti. Tamo nekakav boks, nekakvi travnjaci kraj blokova, dve marke mesečno za najvrednije zatvorenike, senf u kantini, kontrola vašiju svake nedelje i uvertira za *Tankreda* dovoljni su da se prevari svet i – mi. Oni tamo napolju misle da je čudovišno ali, ipak, nije tako loše kad je tu i orkestar i boks, i travnjaci, i ćebad na krevetima... Obmanjivačka je procija hleba, kojoj treba dodavati da bi se ostalo u životu.

Obmanjivačko je radno vreme, za vreme kojeg se ne sme govoriti, sedeti, odmarati. Obmanjivačka je svaka lopata zemlje koju polupraznu bacamo na nasip rova.

Gledaj sve s pažnjom i ne gubi snagu kad Ti je loše.

Jer, možda ćemo iz ovog logora, iz ovog vremena obmana morati da podnesemo izveštaj živim ljudima i da ustanemo u odbranu umrlih.

Nekad smo išli u logor svrstani u komanda. Svirao je orkestar dajući takt redovima u pokretu. Stigao je DAW i desetine drugih komanda i čekali su kod kapije: deset hiljada muškaraca. I tada su iz FKL stigli kamioni puni nagih žena. Žene su pružale ruke i vikale:

– Spasite nas! Idemo u gasnu komour! Spasite nas!

I pored nas je prošlo u dubokoj ćutnji deset hiljada muškaraca. Nijedan čovek se nije pokrenuo, nijedna ruka se nije podigla.

Jer živi ljudi uvek imaju pravo u sporu sa umrlima.

V

Najpre smo bili na kursu. Uopšte uzevši, mi smo na kursu već odavno, samo Ti o tome nisam pisao, jer je to u potkrovlju i tamo je vrlo hladno. Sedimo na „pozajmljenim" hoklicama i sjajno se zabavljamo, naročito velikim modelima ljudskog tela. Radoznali gledaju kako to izgleda, ali ja i Vitek bacamo jedan drugom sunđer i mačujemo se lenjirima, što dovodi do očajanja crnog Adolfa. Maše rukama iznad nas i govori o „kameradšaftu" i o logoru. Sedimo tiho u uglu, Vitek izvlači fotografiju žene i pita stišanim glasom:

– Radoznao sam koliko je on ljudi ubio u tom Dahauu? Inače se ne bi reklamirao... Bi li ga udavio?

– Uhuu... al' je lepa žena. Kako si ti to s njom?..

– Kad smo bili u šetnji u Pruškovu... Znaš, zelenilo, bočne stazice, šuma na vidiku. Idemo zagrljeni, a tu sa strane ispada esesovski pas...

– Ajd' ne farbaj. Pa to je u Pruškovu a ne u Osvjenćimu.

– Stvarno esesovski pas jer je pored bila vila koju je zauzeo SS. I ta životinja navali na devojku! I šta bi ti uradio? Opalio sam iz revolvera u životinju, hvatam ženu za ruku i kažem: „Irka, džada!" A ona stoji kao ukopana i gleda pucu. „Odakle ti to?" Jedva sam je otgrao jer su se od vile čuli neki glasovi. Jurili smo prečicom preko polja kao dva zeca. Dugo sam morao da objašnjavam Irki da mi je taj komad gvožđa potreban u mom poslu.

U međuvremenu neko od sledećih doktora priča o jednjacima i o nekim stvarima što su u čoveku, a Vitek mi dalje bezbrižno referiše.

– Posvađao sam se jednom s prijateljem. Ili on, ili ja, pomislih. I on je isto pomislio, poznavao sam ga dobro. Išao sam za njim neka tri dana i samo sam gledao da mi neko ne stoji iza leđa. Dočekao sam ga uveče u Hmeljnoj i opalio, ali nisam pogodio kako treba. Dolazim ujutru, ruka mu je povezana i gleda me popreko. „Upao sam u klopku" – kaže.

– I šta ti na to? – pitam, jer mi je priča vrlo aktuelna.

– Ništa, jer su me odmah uhapsili.

Da li je taj kolega tome doprineo ili ne, teško je zaključiti, ali se Vitek nije predavao sudbini. U Pavjaku je bio starešina odeljenja ili redar u kupatilu – nekakav pipel Kronšmida, koji je s nekim Ukrajincem u svakoj smeni mrcvario Jevreje. Znaš li podrume u Pavjaku? One gvozdene podove. I eto nagi Jevreji, s rasparenom kožom posle kupanja, puzali su po njima tamo-amo. Jesi li nekad video vojničke cipele odozdo? Koliko tamo ima klinaca? I eto Kronšmid se s takvim cipelama penjao na golo telo i vozio se na čoveku koji je puzao. Za Arijevce je to bilo lakše, doduše i ja sam puzao ali na drugom odeljenju i niko se na mene nije penjao. I ne iz principa već zbog lošeg raporta. Za nas je važila gimnastika: jedan sat svaka dva dana. Taj sat je bio trka oko dvorišta, a onda lezi i sklekovi, dobra vežba iz škole.

Moj rekord je – 76 sklekova zaredom i bol u rukama do sledećeg. Najlepša vežba koju znam to je kolektivna „avion, sakrij se!". Dvojni red ljudi nosi lestve na plećima, pridržavajući ih jednom rukom. Na uzvik: „avion, sakrij se!", padaju na zemlju, ne ispuštajući lestve s pleća. Ko ih pusti, gine od motke ili od napujdanog psa. Zatim po prečkama lestvi koje leže na ljudima esesovac počinje da hoda tamo-amo, tamo-amo. Zatim treba ustati i ponovo padati, ne kvareći redove.

Vidiš, sve je neverovatno: kilometrima se prevrtati naglavce kao u Zaksenhauzenu, valjati se satima po zemlji, praviti stotine čučnjeva, cele dane i noći stajati na jednom mestu, mesecima sedeti u betonskom kovčegu, u bunkeru, visiti na stubu privezan za ruke ili na motki obešenoj na dve stolice, skakati kao žaba i mileti kao zmija, piti po više kofa vode sve dok se ne ugušiš, biti bijen hiljadama batina i motki od hiljada najrazličitijih ljudi – gledaj kako strasno slušam priče o potpuno nepoznatim provincijskim zatvorima – Malkinji, Suvalkama, Radovu, Pulavama, Lublinu, o monstruozno razvijenoj tehnici mučenja čoveka i ne mogu da poverujem da je ona iskočila odjednom iz ljudske glave kao Minerva iz Jupiterove. Ne mogu da razumem tu naglu opijenost zločinom, taj izliv naizgled zaboravljenog atavizma.

A još i ovo: smrt. Pričali su mi o nekom logoru u koji su svaki dan stizali transporti novih zatvorenika, po nekoliko desetina ljudi odjednom. Ali logor je imao ustaljen broj porcija, više se ne sećam koliko, možda dve, možda tri hiljade, i komandant nije želeo da ljudi gladuju. Svaki zatvorenik je morao dobiti jednu porciju. Dakle, svaki dan je u logoru nekoliko desetina ljudi viška. Svake večeri su u svakom bloku izvlačili cedulje ili kuglice od hleba i oni izvučeni žrebom nisu sledećeg dana išli na posao. Izvodili su ih u podne izvan žica i streljali.

I u tom izlivu atavizma stoji čovek iz drugog sveta, čovek koji konspiriše zato da ne bi bilo zakulisnih mahinacija između ljudi, čovek koji krade da ne bi bilo grabeža na zemlji, čovek koji ubija da ne bi ubijali ljude.

Dakle, Vitek je bio iz tog drugog sveta i bio je pipel Kronšmida najgoreg dželata iz Pavjaka. A sad sedi kraj mene i sluša šta je u čoveku, i kad se tu nešto pokvari, kako da se to popravi domaćim sredstvima. Zatim je na kursu došlo do skandala. Doktor se obratio Stašeku, koji se tako sjajno snalazi, i rekao mu da ponovi jetru. Stašek je slabo ponovio. Doktor je rekao:

– Odgovarate vrlo glupo, a onda mogli biste da ustanete.

– Sedim u logoru pa mogu da sedim i na kursu – odgovorio je Stašek zacrvenevši se. – A onda, nemojte da me vređate.

– Ćutite, vi ste na kursu.

– Sigurno biste hteli da ćutim, jer bih mogao mnogo toga da kažem šta ste tu radili u logoru.

Na to smo mi počeli da udaramo u stoličice i da vičemo: „da, da!", i doktor je izleteo napolje. Došao je Adolf i izgrdio nas podsećajući da ne vodimo računa o „kameradšaftu" a zatim smo pošli u blok upravo na polovini predavanja o priboru za varenje. Stašek je odmah odleteo do svojih drugova da mu ne bi taj doktor podmetnuo nogu. A sigurno je da je neće podmetnuti, jer Stašek ima dobra leđa. To smo jedino naučili iz logorske anatomije: ko ima dobra leđa, tome je teško podmetnuti nogu. A s tim doktorom se stvarno svašta dešavalo, učio je hirurgiju na bolesnicima. Koliko ih je iskasapio zbog nauke a koliko iz neznanja – teško je izračunati. Ali verovatno mnogo, jer je u bolnici uvek gužva, a i mrtvačnica je puna.

Čitajući ovo pomislićeš da sam se ja potpuno oslobodio onog sveta iz kuće. Pišem i pišem Ti samo o logoru, o njegovim sitnim događajima i iz tih događaja izvlačim njihov smisao, kao da nas već ništa drugo ne čeka...

Sećaš li se naše sobice? Litarskog termosa koji si mi kupila. Nije ulazio u džep i najzad je – na Tvoje zgražanje – otišao pod krevet. A one priče o raciji na

Žoliboržu[1], o kojoj si mi celog dana prenosila reportaže preko telefona? Da su izvlačili ljude iz tramvaja, ali si ti sišla jednu stanicu ranije, da su opkolili blok, ali si otišla u polja čak pored Visle? I ovo što si mi govorila kad sam se žalio na rat, na varvarstvo, na generaciju neznalica, koja će iz nas izrasti:

– Pomisli na one što su u logorima. Mi samo tratimo vreme, a oni se muče.

Mnogo je bilo naivnosti u tome što sam govorio o nezrelosti i traganju za ugodnostima. Ali mislim da valjda nismo tratili vreme. Uprkos ratnim strastima, živeli smo u drugom svetu. A to što smo sada ovde – i to je valjda zbog tog sveta. Šta misliš da li bismo živeli u logoru i jedan dan da nije nade da će taj drugi svet doći, da će čoveku biti vraćena njegova prava? Upravo ta nada nalaže ljudima da apatično idu u gasnu komoru, nalaže im da se ne izlažu riziku bunta, utapa ih u mrtvilo. To nada kida porodične veze, nalaže majkama da se odriču dece, ženama da se prodaju za hleb i muževima da ubijaju ljude. To im nada nalaže da se bore za svaki dan života, jer će im možda baš taj dan doneti oslobođenje. I to čak ne nada u bolji život, već jednostavno u život u kome će biti mira i odmora. Nikada u ljudskoj istoriji nada nije bila jača u čoveku, ali nikada nije ni nanela toliko zla koliko u ovom ratu, koliko u ovom logoru. Nisu nas naučili da se lišavamo nade i zato ginemo u gasnoj komori.

Vidi u kakvom originalnom svetu živimo: koliko je malo ljudi u Evropi koji nisu ubili čoveka? I kako je malo ljudi koje drugi ljudi ne bi želeli da ubiju!

A mi čeznemo za svetom u kome vlada ljubav prema drugom čoveku, spokoj od ljudi i gde instinkti miruju. Izgleda da je takvo pravo ljubavi i mladosti.

---

[1] Varšavska stambena četvrt.

PS – ali znaš, prethodno bih preklao jedno dvojicu-trojicu, tek da se rasteretim logorskog kompleksa, kompleksa skidanja kapa, pasivnog gledanja tučenih i mrcvarenih ljudi, kompleksa straha od logora. Bojim se, ipak, da će se taj kompleks odraziti na nama. Ne znam da li ćemo preživeti, ali hteo bih da jednom budemo u stanju da stvari nazivamo njihovim pravim imenom, kao što to čine hrabri ljudi.

VI

Već nekoliko dana imamo u popodnevnim časovima stalnu zabavu: iz bloka *für Deutsche*[1] izlazi marširajući kolona ljudi i uz pesmu *Morgen nach Heimat*[2] obilazi nekoliko puta logor. Diriguje legereltester i štapom daje *Schritt und Tritt*.[3]

To su kriminalci ili „dobrovoljci" za vojsku. Izvukli su sve „zelene trouglove" i one lakše će poslati na front. Onaj što je zaklao ženu i taštu, a kanarinca pustio na čist vazduh da se ptičica ne bi mučila u kavezu, ima sreće jer će ostati. Ipak, zasad su svi zajedno. Vežbaju ih da maširaju i čekaju da vide da li će i oni pokazati razumevanje za društveni život ili neće. Oni pak pokazuju kolegijalnost koliko mogu. Tu su jedva nekoliko dana zajedno a već su provalili u magacin, nakrali su se paketa, razbili su kantinu i demolirali puf (u vezi s čim su, na opšte žaljenje, ovaj opet zatvorili) – zašto, kažu pametno, treba da se bijemo i stavljamo glavu u torbu za esesovca kad nam je ovde dobro? Faterland je faterland, propašće i bez nas, a ko

---
[1] Za Nemce.
[2] Sutra u zavičaj.
[3] Korak.

će nam čistiti cipele na frontu i da li tamo ima dečaka?

Dakle, ide takva banda putem i peva „Sutra u zavičaj". Sve zloglasne ubojice, jedan zloglasniji od drugog: Sepel, strah i trepet dahdekera, onaj što bez milosti naređuje da se radi po kiši, snegu i mrazu i baca s krova za loše zakovan ekser; Arno Bem, broj 8, dugogodišnji starešina bloka, kapo i lagerkapo, onaj što je ubijao sobne starešine ako su prodavali čaj i udarao po dvadeset pet za svaki minut zakašnjenja i za svaku reč izgovorenu posle večernjeg gonga; onaj isti što je starim roditeljima u Frankfurtu pisao kratka ali dirljiva pisma o rastanku i povratku. Poznajemo ih sve: taj je bio u DAW, taj – to je strah i trepet Bune, onaj je šeprtlja ali kad je bio bolestan, išao je u ekspediciju po duvan do barake starešine bloka, sve dok ga nisu prebili na mrtvo ime i izbacili iz logora, pa je dobio neki nesrećni komando u svoje lopovske šape. Idu u stroju poznati pederasti, alkoholičari, narkomani, sadisti – a na samom kraju ide Kurt, elegantno obučen, osvrće se unaokolo, gubi korak i ne peva. Najzad, pomislih, to je taj koji te je pronašao za mene i nosio nam pisma, pa sam ne časeći časa strčao dole, uhvatio ga za okovratnik i kažem: – Kurt, sigurno si gladan, dođi, dobrovoljče-kriminalče, gore – i pokazao sam mu naš prozor. Doista pred veče pojavio se kod nas, došao je pravo na ručak skuvan na peći s pločicama od majolike. Kurt je veoma mio (to zvuči egzotično ali je teško drukčije formulisati) i ume lepo da priča. Nakad je hteo da bude muzičar, ali otac, bogati dućandžija, izbacio ga je iz kuće. Kurt je otputovao u Berlin, tamo upoznao devojku, kćerku nekog drugog dućandžije, živeo je s njom, pisao za sportske novine, našao se mesec dana u bajboku zbog skandala sa Štalhelmom, a zatim nije izlazio na oči devojci.

Nabavio je sportska kola i švercovao devize. U jednoj šetnji sreo je svoju devojku ali nije dao znaka od sebe. Zatim je putovao u Austriju i Jugoslaviju dok ga nisu uhvatili i zatvorili. A pošto je u pitanju recidiv (onaj nesrećni mesec), poslat je iz zatvora u logor da sačeka kraj rata.

Pada veče, u logoru je već prošla prozivka. Sedimo nas dvojica za stolom i pričamo. Svuda se pričalo: idući putem na rad s komandom, vraćajući se u logor, s lopatom i kraj vagoneta, uveče na prični, stojeći za vreme prozivke. Pričamo priče i pričamo o životu. I o raznim stvarima izvan žica. Danas nam je došlo da pričamo o logoru, možda zato što će Kurt uskoro izići iz njega.

– Zapravo o logoru niko ništa tačno nije znao. Neke gluposti o besmislenom radu, kao što je, na primer, skidanje i postavljanje asfalta ili razgrtanje peska. Naravno i to, da je sve užasno. Kružile su priče među ljudima. Ali istini za volju, čovek se za sve to nije previše interesovao. Ionako se zna da ako nagrabusi, neće izići.

– Da si došao pre dve godine, vetar bi te sigurno proterao kroz dimnjak – dodao je skeptično Stašek, koji se tako sjajno snalazi za sve.

Mrzovoljno sam slegao ramenima.

– Možda i ne bi. Nije proterao tebe, pa ne bi proterao ni mene. A znate li da je u Pavjaku bio jedan iz Aušvica.

– Verovatno je došao na sudski pretres.

– Dabome. Mi ga pitali, a on ništa, umuknuo čovek. Samo je rekao: „Doći ćete pa ćete videti. A sad – šta da vam pričam. Niste deca".

– Bojao si se logora?

– Bojao sam se. Pošli smo iz Pavjaka ujutru. Kamionima na stanicu. Loš znak: sunce svetli u leđa.

Znači, idemo na Zapadnu. Aušvic. Utovarili su nas na brzinu u vagone, pa na put! Putovali smo prema abecedi, po šezdeset u vagonu, čak nije bilo gužve.
— Jesi li uzeo prnje?
— Naravno da sam uzeo. Ćebe i kućni kaput od verenice i dva čaršava.
— Baš si naivan, trebalo je da ostaviš drugovima. Nisi znao da će ti sve oduzeti.
— Šteta. Zatim smo izvadili sve eksere iz jednog zida, iščupali daske i tutanj! Ali na krovu je bio mitraljez, odmah je ukokao trojicu prvih. Poslednji je isturio glavu iz vagona i dobio je metak u vrat. Voz je odmah zaustavljen, a mi u ćošak! Dreka, vika, pakao! Nije trebalo bežati! Kukavice! Ubiće nas! I psovke, ali kakve!
— Nisu gore od onih iz ženskog logora!
— Ne, nisu gore. Ali uvek sočne. A ja sam sedeo ispod gomile ljudi na samom dnu. Mislim: dobro je ako budu pucali, mene neće prvog. I dobro je, pucali su. Ispalili su jedan rafal u gomilu, ubili dvojicu a trećeg ranili u slabine. I *los, los, aus,* bez stvari. E pa mislim, sad je kaput: ništa drugo nego streljanje! Malo mi je bilo žao kućnog kaputa, jer sam u njemu imao Bibliju, i to, razume se, od verenice.
— I ćebe je izgleda bilo od verenice?
— Da. I njega mi je bilo žao. Ali ništa nisam uzeo, jer su me zbacili sa stepenica. Nemate pojma koliko je veliki svet kad čovek izleti iz zatvorenog vagona! Nebo visoko...
— ...plavo...
— Baš plavo, drveće sve u mirisu, šuma da je uzmeš u ruke! Unaokolo esesovci, automati u šapama. Četvoricu su odveli u stranu, a nas su poterali u drugi vagon. Putovali smo nas sto dvadeset, trojica ubijenih i jedan ranjeni. Umalo se nismo ugušili u vago-

nu. Bilo je tako zagušljivo da je sa tavanice curila voda, baš bukvalno. Nijednog prozora, ništa, sve je bilo zatvoreno daskama. Vikali smo da nam daju vazduha i vode, ali kad su počeli da pucaju odmah smo se umirili. Zatim smo se izvalili na pod i ležali kao zaklani prasci. Skinuo sam pulover, zatim dve košulje. Telo je plivalo u znoju. Iz nosa mi je lagano tekla krv. U ušima mi je bučalo. Čeznuo sam za Osvjenćimom, jer je to značilo i svež vazduh. Kad su otvorili vrata na rampi, s prvim gutljajem povratio sam sasvim snagu. Bila je aprilska noć, zvezdzana, hladna. Nisam osećao hladnoću, mada sam navukao na sebe potpuno mokru košulju. Neko me je zagrlio s leđa i poljubio. „Brate, brate" – prošaputao je. U crnoj, prizemnoj tami blistala su u nizu svetla logora. Iznad njih se uznosio nespokojni riđi plamen. Tama se sjatila oko njega. Činilo se da plamti na planini koja doseže nebo. „Krematorijum" – proneo se šapat u redovima.

– Ala si nakitio, vidi se da si pesnik – reče s priznanjem Vitek.

– Išli smo u logor noseći mrtva tela. Čuo sam iza sebe teško dahtanje ljudi i mislio sam da iza mene ide moja verenica. Svaki čas tupi udarci. Baš pred kapijom dobio sam bajonetom u butinu. Nije bolelo, samo sam osetio jaku toplotu. Krv mi je curila duž butina i nožnog lista. Posle nekoliko koraka mišići su se ukočili i počeo sam da hramljem. Esesovac iz pratnje udario je još nekoliko njih ispred mene i rekao kad smo ulazili u logorsku kapiju s rešetkama:

– Ovde ćete se dobro odmoriti.

To je bilo u četvrtak noću. A u ponedeljak sam pošao u komando, sedam kilometara od logora. U Bude, da nosim telegrafske stubove. Noga me je vraški bolela. Ali odmaramo se, i to dobro!

– A to nije ništa – reče Vitek – jer Jevreji putuju još gore. I nemaš čime da se hvališ.

Mišljenja su bila podeljena, i u pogledu putovanja, i u pogledu Jevreja.

– Znate kakvi su Jevreji! – uspeo je Stašek da dođe do reči. – Videćeš, oni će napraviti gešeft u tom svom logoru! Oni su u krematorijumu i u getu, a rođenu će majku prodati za porciju repe! Stojimo jednom ujutru u arbajtskomandu, pored nas zonderkomando, momci kao bikovi, zadovoljni životom, a zašto i ne bi? Kraj mene je moj prijatelj Mojše. On iz Mlave i ja iz Mlave, znate kako je, prijatelji smo i trgovci, tu je pouzdanje i poverenje. „Šta ima novo kod tebe, Mojše? Što si tako kiseo?" „Dobio sam fotografiju svoje porodice". „Zašto se onda brineš, to je dobro". „Pobesneo bi ti od tog dobra, ja sam oca poslao u krematorijum!" „Ne može biti!" „Može, jer sam ga poslao, gonio sam ljude, bacio mi se oko vrata, počeo da me ljubi i ispituje šta će to biti i da je on gladan, jer dva dana putuju bez hrane. A komandofirer viče da se ne stoji, da treba raditi! Šta sam mogao da učinim!" „Idi, oče – kažem – okupaj se u kupatilu, a onda ćemo popričati, vidiš da sad nemam vremena". I otac je otišao u komoru. A fotografije sam kasnije izvukao iz odela. I, reci, šta je tu dobro što imam fotografije?"

Nasmejali smo se. Uzgred budi rečeno, dobro je što sada arijevce ne guše gasom. Sve samo ne to.

– Ranije su gušili – reče „ovdašnji" fleger, koji nam se uvek pridružuje. – Ja sam u ovom bloku odavno i mnogo čega se sećam. Koliko je ljudi kroz moje ruke prošlo u gasnu komoru, koliko drugova i poznanika iz jednog grada! Čovek se više ni lica ne seća. To je jednostavno – masa. Ali jednog slučaja ću se sećati valjda celog života. Bio sam tada fleger u ambulanti. Ne stavljam zavoje previše nežno, zna se da nema vremena za kojekakve budalaštine. Pročačka se malo po ruci ili po leđima ili ne znam gde još, stavi se papirna vata, zavoj i – napolje. Sledeći! Čovek ni lice ne pogleda. A niko i ne zahvaljuje, jer nema zašto. Ali jednom sam stavio zavoj na neku flegmonu, a neko mi s vrata kaže: „Spasibo, gospodine fleger!" Neki bled, bedan, jedva se drži na podbulim nogama. Pošao sam da ga posetim i doneo sam mu čorbu. Imao je flegmonu s desne strane na debelom mesu, zatim na celoj butini, pravi gnojni džep. Užasno je patio. Plakao je i govorio o majci. „Budi miran – govorio sam mu – pa i mi imamo majke a ne plačemo." Tešio sam ga koliko sam mogao, jer se žalio da se neće vratiti. A šta sam mogao da mu dam? Porciju čorbe i ponekad komadić hleba. Skrivao sam Tolečku od selekcije koliko sam mogao, ali jednom su ga našli i zapisali. Odmah sam mu došao. Bio je u groznici. Govorio je: „Nije to ništa što idem u gasnu komoru. Valjda tako treba. Ali kad se završi rat i ti preživiš..." „Ne znam, Tolečka, da li ću preživeti – prekinuo sam ga." „Preživećeš – dodao je nepopustljivo – i otići ćeš do moje majke. Posle rata sigurno neće biti granica, neće biti država, neće biti logora, ljudi neće ubijati jedni druge. Ved' eto poslednjij boj – rekao je s naglaskom. „Otići ćeš do moje majke i reći ćeš joj da sam poginuo. Da ne bude granica. Ni rata. Ni logora. Reći ćeš?" „Reći ću." „Zapamti: moja majka živi u Daljnevostočnom kraju, grad Habarovsk, Ulica Lava Tolstoja dvadcat' pjat', ponovi." Ponovio sam. Otišao sam kod starešine bloka, Sivog, koji je još mogao da skine Tolečku s liste. Klepio me je po njušci i izbacio iz barake. Tolečka je otišao u gasnu komoru. Sivi je nekoliko meseci kasnije otišao sa transportom. Na odlasku molio je za cigarete. Podbo sam druge da mu

ne daju. Nisu mu dali. Možda sam loše postupio, jer je išao u sigurnu smrt, u Mauthauzen. A adresu Tolečkine majke sam upamtio: Dalnevostočnyj kraj, gorod Habarovsk, Ulica Lava Tolstoja...
Ćutali smo. Uznemireni Kurt pitao je šta se to desilo pošto ionako ništa nije razumeo iz razgovora. Vitek je ispričao sadržinu:
– Pričamo o logoru i da li će svet biti bolji. Mogao bi i ti nešto reći.
Kurt nas je pogledao osmehujući se i rekao da ga svi razumemo:
– Ja ću vam ispričati ukratko. Kad sam bio u Mauthauzenu, tamo su uhvatili dva begunca, baš na Badnje veče. Postavljena su vešala na prostoru oko velike jelke. Ceo logor je bio na zboru kad su ih vešali. Na jelci su upravo upalili svetla. Tad je istupio lagerfirer, obratio se zatvorenicima i komandovao:
– *Häftlinge, Mützen ab!*[1]
Skinuli smo kape. Lagerfirer je rekao umesto tradicionalnog božićnog govora:
– Ko se ponaša kao svinja, biće i tretiran kao svinja. *Häftlinge, Mützen auf!*[2]
Stavili smo kape
– Voljno.
Razišli smo se.
Zapalili smo cigarete. Ćutali smo. Svaki je mislio na svoje stvari.

VII

Kad bi pali zidovi baraka, hiljade ljudi sabijenih i prigušenih na pričnama zalebdelo bi u vazduhu. Bio bi to prizor odvratniji od srednjovekovnih slika stra-

---
[1] Zatvorenici, kape dole!
[2] Zatvorenici, kape na glavu!

šnog suda. Najviše potresa čoveka prizor drugog čoveka koji spava na svom delu bukse, mesta koje mora da zauzima, jer ima telo. Telo su iskoristili koliko se moglo: istetovirali su na njemu broj da bi prištedeli okove, dali su toliko noćnog sna da bi čovek mogao da radi i toliko vremena dnevno da bi jeo. I toliko hrane da ne bi crkao neiskorišćen. Samo je jedno mesto za život: komadić prične, ostalo pripada logoru, državi. Ali ni taj komadić mesta, ni košulja, ni lopata nije tvoje. Razboliš se, oduzmu ti sve: odelo, kapu, švercovani šal, maramicu. Kad umreš – izvade ti zlatne zube, koji su prethodno već zapisani u logorskoj knjizi. Spaliće te i pepelom će posuti polja ili isušiti ribnjake. Doduše, rasipa se pri spaljivanju tolika masnoća, toliko kostiju, toliko mesa, toliko toplote! Ali na drugom mestu prave od ljudi sapun, od ljudske kože abažure, od kosti ukrase. Ko zna, možda za izvoz Crncima, koje će jednom pobiti?

Radimo pod zemljom i na zemlji, pod krovom i na kiši, lopatom, s vagonetima, pijukom i polugom. Nosimo džakove s cementom, postavljamo cigle, železničke koloseke, ograđujemo zemljišta, nabijamo zemlju... Postavljamo temelje neke nove, monstruozne civilizacije. Tek sam sad upoznao cenu antičkog doba. Kakav monstruozan zločin predstavljaju egipatske piramide, hramovi i grčke statue! Koliko se krvi slilo na rimske puteve, granične nasipe i građenje gradova. To je antičko doba koje je bilo veliki koncentracioni logor, gde su robovima utiskivali užarenim gvožđem znak vlasništva na čelu i gde su razapinjali na krst za pokušaj bekstva. To je antičko doba koje je predstavljalo zaveru slobodnih ljudi protiv robova!

Sećaš li se koliko sam voleo Platona. Danas znam da je lagao. Jer se u zemaljskim stvarima ne odražava ideal već u njima leži težak, krvav rad čoveka. To smo mi gradili piramide, otkidali mermer za hramove i kamenje za carske puteve, to smo mi veslali na galijama i vukli ralice, a oni su pisali dijaloge i drame, opravdavali domovinama svoje intrige, borili se za granice i demokratiju. Mi smo bili prljavi i doista umirali. Oni su bili estetičari i tobož diskutovali.

Nema lepote ako je u njoj nepravda čovekova. Nema pravde koja tu nepravdu zaobilazi. Nema dobra koje nepravdu dozvoljava.

A šta zna antičko doba o nama? Zna lukavog roba iz Terencija i Plauta, zna narodne tirbune braću Grah i ime samo jednog roba – Spartaka.

Oni su gradili istoriju i savršeno se sećamo tamo nekakvog zločinca Scipiona, temo nekakvog advokata – Cicerona ili Demostena. Oduševljavamo se istrebljenjem Etruraca, uništenjem Kartagine, izdajama, prevarom i lupeštvom. Rimsko pravo. I danas je pravo!

Šta će o nama znati svet ako pobedi Nemačka? Nastaće ogromne građevine, autostrade, fabrike, spomenici visoki kao planine. Ispod svake cigle biće uzidane naše ruke, na našim plećima biće nošeni železnički pragovi i betonske ploče. Pobiće nam porodice, bolesnike, starce. Pobiće decu.

I niko neće znati za nas. Nadvikaće nas pesnici, advokati, filozofi, sveštenici. Stvoriće lepotu, dobro i istinu. Stvoriće religiju.

Pre tri godine ovde su bila seoca i naselja. Bila su polja, poljski putevi i kruške na međama. Bili su ljudi, koji nisu bili ni bolji, ni gori od drugih.

Zatim smo došli mi. Izgnali smo ljude, sagradili kuće, poravnali zemlju, umesili od nje blato. Podigli smo barake, plotove, krematorijume. Dovukli smo sa sobom šugu, flegmonu i vaši.

Radimo u fabrikama i rudnicima. Obavljamo ogroman rad, iz koga se izvlači nečuvena dobit.

Čudna je istorija ovdašnje firme Lenc. Ta firma nam je izgradila logor, barake, hale, magacine, bunkere, dimnjake. Logor joj je pozajmljivao zatvorenike, a SS je davao materijal. Prilikom svođenja računa cifra je bila tako fantastično visoka da se za glavu uhvatio ne samo Aušvic već i sam Berlin. Gospodo, rekli su, to je nemoguće, previše ste zaradili, čak toliko i toliko miliona. Međutim, odgovorila je firma, računi su tu. E, dobro, rekao je Berlin, ali mi ne možemo. Onda polovinu, predložila je patriotska firma. Trideset procenata, još se malo cenjkao Berlin, i na tome se svršilo. Od tog vremena svi računi firme Lenc su kresani. Ali Lenc se ne brine: kao i sve nemačke firme, on povećava osnovni kapital. Napravio je u Osvjenćimu veliki posao i mirno čeka kraj rata. Isti je slučaj s Vagnerom i Kontinentalom, koji su gradili vodovode, sa firmom Rihter za kopanje bunara, sa Simensom, preduzećem za električne instalacije, s isporučiocima cigle, cementa, gvožđa i drveta, s proizvođačima delova za barake i prugastih logoraških odela. To se odnosi i na džinosvku fabriku automobila Union, na fabriku za demontažu otpada DAW, kao i na vlasnike rudnika u Mislovicama, Glivicama, u Janjinu i Javožinu. Onaj koji preživi moraće jednom da zatraži ekvivalent za taj rad. Ne novac, ne robu već težak, kameni rad.

Kad bolesni ljidi i oni posle rada idu na spavanje, ja razgovaram s Tobom izdaleka. Vidim u tami Tvoje lice i mada govorim s gorčinom i mržnjom koja Ti je strana, znam da me slušaš pažljivo.

Upregnuta si u moju sudbinu. Samo što Tvoje ruke nisu za pijuk i telo nije priviklo na šugu. Veže nas naša ljubav i bezgranična ljubav onih što su ostali.

Oni što žive za nas i čine naš svet. Lica roditelja, prijatelja, oblici predmeta koji su ostali. I postoji nešto najdraže što možemo deliti: preživljeno. I da nam ostave samo tela na bolničkoj prični, uz nas će biti naša misao i naša osećanja.

I mislim da je dostojanstvo čoveka u njegovoj misli i njegovom osećanju.

VIII

Nemaš pojma koliko sam srećan.

Pre svega – to je dugajlija električar. Idem kod njega svako jutro s Kurtom (to je moj poznanik) i predajemo mu pisma za Tebe. Električar, fantastično star broj, nešto preko hiljadu, tovari se kobasicama, vrećicama šećera, ženskim rubljem, a negde u cipelu stavlja hrpu pisama. Električar je ćelav i nema razumevanja za našu ljubav. Električar pravi grimasu na svako pismo koje mu donesem. Električar kaže kad želim da mu dam cigarete:

– Kolega, kod nas u Aušvicu se ne uzima za pisma! A odgovor ću doneti, ako budem mogao.

I stvarno, uveče idem kod njega. Nastupa suprotna procedura: električar se maša za cipelu, izvlači cedulju od Tebe, predaje mi je i pravi mrzovoljnu grimasu. Jer električar nema razumevanja za našu ljubav. I sigurno ne voli bunker, kavez dimenzija metar sa metar i po. Pošto je električar dugajlija i bilo bi mu neugodno u bunkeru.

Dakle, pre svega – dugajlija električar. A drugo – venčanje Španca. Branio je Madrid, pobegao u Francusku i doveli su ga u Osvjenćim. Kako to biva sa Špancima, imao je neku Francuskinju, a s njom i dete. Kad je dete poodraslo, a Španac i dalje ostao u logoru, Francuskinja nadala dreku da hoće venčanje! Pa ti ona molbu lično H., a H. se revoltirao: zar takav haos u novoj Evropi, odmah ih venčajte!

Francuskinju su sa detetom dovukli u logor, sa Španca su na brzinu skinuli prugasto logoraško odelo, podesili su mu neko elegantno odelo, koje je ispeglao lično kapo iz perionice, iz bogatih logorskih rezervi brižljivo je odabrana kravata u skladu s čarapama, i onda su ih venčali.

Zatim su mladenci pošli da se fotografišu: ona sa sinčićem i buketom zumbula u ruci, a on s njom ispod miške. Za njima je išao orkestar *in corpore*[1], a iza orkestra besni esesovac iz kuhinje.

– Ja ću vas na raport što svirate za vreme radnog vremena umesto da ljuštite krompir! Čorba mi stoji bez krompira! Mene boli d... za sva ta venčanja!

– Mir... – počeše da ga umiruju drugi dostojanstvenici. – Berlin je naredio. A čorba može da bude bez krompira.

Međutim, mladence su fotografisali i ustupili im za prvu bračnu noć apartmane pufa, koji je proteran u deseti blok. Ujutru su Francuskinju poslali u Francusku a Španca u logoraškom odelu u komando.

A ceo logor ide kao da je progutao oklagiju.

– Kod nas u Aušvicu čak i venčavaju.

Dakle, pre svega – električar dugajlija. Drugo – venčanje Španca. A treće – završavamo kurs. Nedavno su ga završile flegerke iz FKL. Pozdravili smo ih kamernom muzikom. Sve su zasele na prozoru desetog bloka, a s naših prozora svirali su im odlomke iz orkestra: bubanj, saksofon i violina. Najdivniji je saksofon: jeca i plače, smeje se i svetluca!

Šteta što Slovacki nije znao za njega, sigurno bi postao saksofonista zbog bogatstva njegovog izraza.

---

[1] Korporativno, u grupi, u skupini.

Najpre žene, a sad mi. Okupili smo se na tavančetu, došao je lagerarct Rode (onaj „čestiti" što ne pravi razliku između Jevreja i Arijevaca), došao je, pogledao nas i naše zavoje, rekao da je vrlo zadovoljan i da će nam sad u Aušvicu sigurno biti bolje. I brzo je izišao, jer je tavanče hladno.

A u Aušvicu, danas se opraštaju od nas preko celog dana. Franc, onaj iz Beča, održao mi je poslednje predavanje o smislu rata. Malo zastajkujući, govorio mi je o ljudima koji rade i o ljudima koji uništavaju. O pobedi prvih i o porazu drugih. O tome da se za nas bori drug iz naše generacije iz Londona i Uralska, iz Čikaga i Kalkute, sa kopna i sa ostrva. O budućem bratstvu ljudi stvaralaca. „Eto – razmišljao sam – rađa se mesijanizam u razaranju i smrti, običan put ljudske misli." Zatim je Franc otvorio svoj paket koji je upravo dobio iz Beča, i pili smo večernji čaj. Pevao je austrijske pesme a ja sam recitovao stihove koje on nije razumeo.

U Aušvicu su mi dali za put malo lekova i nekoliko knjiga. Ugurao sam ih u paket ispod hrane. Dakle, srećan sam, jer je sve na jednom mestu: električar dugajlija, venčanje Španca, završavamo kurs. A četvrto – dobio sam pisma od kuće. Dugo su tražili, ali su me našli.

Skoro dva meseca nisam imao nikakvog glasa od kuće i strašno sam se brinuo, jer ovde kruže neverovatne vesti o prilikama u Varšavi, već sam počeo da pišem očajnička pisma i baš juče (zamisli samo!) dva pisma: jedno od Stašeka i jedno od brata.

Stašek piše vrlo jednostavnim rečima kao čovek koji na stranom jeziku želi da izrazi sadržinu što ide iz srca. „Volimo te i mislimo na tebe, piše, mislimo i na Tusku, tvoju verenicu. Živimo, radimo i stvaramo, samo je Andžej poginuo i, Vacek je umro."

Kako je to tragično što su ova dvojica najsposobnijih iz generacije, i s najvećom stvaralačkom strasti, što su upravo oni poginuli.

Znaš kako sam im se oštro suprotstavio: njihovoj imperijalnoj koncepciji izgradnje proždiruće države, njihovom nepoštenju i poimanju društva, njihovim teorijama nacionalne umetnosti, njihovoj mutnoj filozofiji kao sam maestro Bžozovski, njihovoj pesničkoj praksi, koja je glavom udarala o zid Avangarde, njihovom životnom stilu svesne i nesvesne hipokrizije.

I danas kad nas razdvaja prag dvaju svetova, prag koji ćemo i mi prekoračiti, pokrećem ovaj spor oko smisla sveta, stila života i lika poezije. I danas ću im zameriti naklonost prema sugestivnim idejama moćne, zavojevačke države, divljenje zlu, čija je mana u tome što nije naše zlo. I danas ću im zameriti bezidejnost poezije, u kojoj nije prisutan čovek, nije prisutan pesnik.

Ali, vidim njihova lica preko praga drugog sveta i mislim na njih, na momke iz moje generacije, i osećam da oko nas nastaje sve veća pustoš. Otišli su tako neverovatno živi, upravo iz središta dela koje su gradili. Otišli su, a tako su mnogo pripadali ovom svetu. Opraštam se od prijatelja s druge barikade. Samo da na drugom svetu nađu istinu i ljubav koje ovde nisu sreli!

...Eva, ona koja je tako lepo govorila stihove o harmoniji i zvezdama i o tome da „još nije tako loše", takođe je streljana. Pustoš, sve veća pustoš. Odlaze dalji i bliži i neka se više ne mole za smisao borbe već za život voljenih ljudi oni što umeju da se mole.

Mislio sam da će se svrštiti s nama. Da će povratak značiti povratak u svet koji nije osetio onu užasnu atmosferu koja nas je davila. Da smo samo mi pali na dno. Ali odande ljudi odlaze – neposredno iz središta života, borbe, ljubavi.

Neosetljivi smo kao drveće, kao kamenje. I ćutimo kao posečeno drveće, kao razbijeno kamenje.

Drugo pismo je od brata. Znaš li kakva mi srdačna pisma piše Julek. I sad mi piše da misle o meni, da čekaju, da čuvaju sve knjige i pesme...

Kad se vratim, na mojoj polici za knjige zateći ću svoju novu zbirku. „To su pesme o tvojoj ljubavi" – piše brat. Mislim da se tu simbolično prepliću naša ljubav i poezija i da su te pesme koje su bile pisane samo za Tebe, i s kojima su Te uhapsili, najavljivale sigurnu pobedu. Možda su ih izdali kao uspomenu na nas? Zahvalan sam ljudskom sećanju što čuva posle nas – poeziju i ljubav i priznaje naše pravo na njih.

I još mi brat piše o tvojoj majci da ona misli na nas i veruje da ćemo se vratiti i biti uvek zajedno, jer je takvo ljudsko pravo.

...U prvoj cedulji, koju sam dobio od Tebe nekoliko dana po dolasku u logor, sećaš li se šta si mi pisala? Pisala si mi da si bolesna i da si očajna, jer si me „gurnula" u logor. Jer, da nisi ti, onda bih ja, itd. A sama znaš kako je, u stvari, bilo.

Bilo je tako da sam, po dogovoru, čekao da mi se javiš telefonom od Marije. Posle podne kod mene je bio ilegalni kurs – kao i obično sredom – čini mi se da sam nešto govorio o svom lingvističkom radu, i čini mi se da se ugasila karbidna lampa.

Zatim sam čekao da mi se javiš telefonom. Znao sam da moraš da telefoniraš, jer si obećala. Nisi telefonirala. Ne sećam se da sam bio na ručku. Ako sam bio, onda sam, vrativši se, opet sedeo kraj telefona, bojao sam se da iz susedne sobe možda neću čuti. Čitao sam neke isečke iz novina i Moroovu novelu o čoveku, koji je merio duše da bi naučio da zatvara ljudske duše u večnotrajne posude, kako bi u njih zatvorio svoju i dušu voljene žene. Ali je zatvorio dva slučajna cirkuska klovna, a njegova duša i duša žene raspršile su se u svemiru. Pred zoru sam zaspao.

Ujutru sam pošao kući, kao i obično s tašnom i knjigama. Doručkovao sam, rekao sam da ću biti na ručku i da se jako žurim, uvrnuo sam psu uvo i pošao Tvojoj majci. Majka je bila zabrinuta zbog Tebe. Pošao sam tramvajem do Marije. Dugo sam posmatrao drveće u Lazjenkama, jer ih veoma volim. Radi relaksacije pošao sam pešice Pulavskom. Na stepenicama je ležao veliki broj opušaka i ako se dobro sećam, videli su se tragovi krvi. Ali možda je to sugestija. Pošao sam prema vratima i zazvonio dogovorenim znakom. Otvorili su mi ljudi s revolverima u ruci.

Otada je proštla godina dana. A pišem Ti zato da znaš da nikad nisam žalio što smo zajedno. I nikad ne mislim da je moglo biti drukčije. Ali mislim stalno o budućnosti. O životu koji ćemo živeti ako... O pesmama koje ću napisati, o knjigama koje ćemo čitati, o predmetima koje ćemo imati. Znam da su to gluposti, ali mislim na njih. Čak imam ideju za naš ekslibris. Biće to ruža bačena na zatvorenu debelu knjigu s velikim srednjovekovnim okovima.

IX

Već smo se vratili. Pošao sam po običaju u svoj blok, namazao bolesnike od krece čajem od nane, a jutros smo zajedno oprali pod. Zatim sam s mudrim izrazom na licu malo stajao pored doktora, koji je radio punkciju. Zatim sam uzeo dve poslednje injekcije prontosila i šaljem Ti ih. Najzad je naš frizer iz bloka (u civilu restorater kod Pošte u Krakovu) Nenjek Liberfrojnd priznao da ću ja sigurno biti najbolji fleger među književnicima.

Osim toga, ceo dan tumaram kako bih Ti poslao pismo. Pismo Tebi – to su ti listići, ali da bi oni stigli gde treba, moraju imati noge. A upravo se trudim oko tih nogu. Najzad sam našao jedan par – u dugim, crvenim, šniranim cipelama. Noge, pored toga, imaju crne naočari, plećate su i svaki dan idu u FKL po leševe dece muškog pola. Oni, naime, moraju proći krož našu šrajbštubu, našu mrtvačnicu i naš SDG mora lično da ih osmotri. Svet počiva na redu, ili manje poetično – *Ordnung muss sein*.

Noge, dakle, idu u FKL i sasvim su mi naklonjene. Same kažu da imaju ženu u ženskom logoru i znaju kako je to teško. Zato će pismo poneti eto tako, prijatnosti radi. A i mene, kad se pruži prilika. Prema tome, pismo šaljem odmah, a sam ću se potruditi da dođem do Tebe. Čak me je obuzelo putničko raspoloženje. Moji prijatelji me savetuju da uzmem ćebe i – da ga podmetnem gde treba. Uz moju sreću i logorsku snalažljivost, pravilno rezonuju da ću prilikom prvog izleta nagraisati. Možda jedino ako pođem pod nečijom zaštitom.

I još razgledam pejzaž. Ništa se nije izmenilo, samo se stvorilo mnogo blata. Miriše proleće. Ljudi će se daviti u blatu. Iz šume se oseća jednom miris borova, a drugi put dim. Jednom idu kamioni sa starudijom, drugi put muzelmani iz Bune. Jednom ručak za efektenlager, a drugi put esesovci na smenu straže.

Ništa se nije promenilo. Pošto je juče bila nedelja, bili smo u logoru na kontroli vašiju. Užasni su logorski blokovi zimi! Prljave bukse, počišćeni zemljani podovi i ustajali ljudski miris. Blokovi nabijeni ljudima, ali nijedne vaške. Ne traje uzalud devaširanje čitave noći.

Već smo izlazili iz blokova posle završene kontrole kad se u logor vratio zonderkomando iz krematorijuma. Išli su nabrekli, zadrigli u salo, povijajući se pod teretom teških zavežljaja. Oni smeju da nose sve izuzev zlata, ali to najviše švercuju.

Od blokova su se odvajale grupice ljudi, upadale u redove koji su marširali i otimale nameračene zavežljaje. Uzvici, psovke i udarci komešali su se u vazduhu. Najzad je zonder nestao u kapiji svog dvorišta koje je od ostalog dela logora bilo ograđeno zidom. Međutim, odmah krišom počeše da se iskradaju Jevreji, polazeći u trgovinu, u „snalaženje" i u posete.

Nabasao sam na jednog prijatelja iz našeg bivšeg bloka. Ja sam se razboleo i pošao u KB. On je imao više „sreće" i otišao je u zonder. Uvek je bolje raditi za prociju čorbe nego lopatom. Pružio sam mu srdačno ruku.

– A, to si ti? Treba li ti što? Ako imaš jabuke...

– Ne, nemam jabuka za tebe – odgovorio sam prijateljski. – Nisi još umro, Abramek? Šta ima novo?

– Ništa naročito. Češki smo otpremili u gasnu komoru.

– To znam i bez tebe. A lično?

– Lično? A šta kod mene može biti lično? Dimnjak, blokovi i opet dimnjak? Imam li ja ovde nekoga? A ako hoćeš da saznaš nešto lično, evo: izmislili smo nov način spaljivanja u krematorijumu. A znaš kakav?

Bio sam vrlo ljubazan od radoznalosti.

– Pa to je takav način da uzimamo četvoro dece s kosom, priljubljujemo glave i potpaljujemo kosu. Onda se sve pali samo i *gemacht*.

– Čestitam – rekoh hladno i bez entuzijazma.

Čudno se nasmejao i pogledao me u oči.

– Ej, fleger, kod nas u Aušvicu mi se moramo zabavljati kako umemo. Kako bi se drukčije izdržalo?
I metnuvši ruke u džepove otišao je bez pozdrava.
Ali to je neistina i groteska kao ceo logor, kao ceo svet.

LJUDI KOJI SU IŠLI

Najpre smo gradili igrališta za fudbal na praznom polju koje je ležalo iza bolničkih baraka. Polje je „dobro" ležalo – s leve strane ciganski logor s njegovom skitničkom dečurlijom, sa ženama što su sedele po klozetima i s nalickanim flegerkama, otpozadi – žice, iza njih rampa sa širokim železničkim kolosecima, uvek prepuna vagona, a iza rampe ženski logor. Tako se nije govorilo. Govorilo se FKL – i to je bilo dovoljno. S desne strane polja bili su krematorijumi, jedni iza rampe, pored FKL, drugi bliže, odmah kraj žica. To su bile solidne zgrade, na čvrstim temeljima. Iza krematorijuma bila je šumica, kojom se išlo do bele kućice.

Gradili smo igralište uproleće i još pre završetka radova počeli smo da sejemo ispod prozora cveće i da tucanom ciglom oblažemo crvene stazice oko blokova. Sejali smo spanać i salatu, suncokret i beli luk. Pravili smo travnjake od iskopane rudine pored igrališta. Zalivali smo to svakodnevno vodom koju smo dovozili iz logorske umivaonice.

Kad je zalivano cveće izraslo, završili smo igralište.

Sad je cveće raslo samo, bolesnici su sami ležali u krevetima, a mi smo igrali fudbal. Svakog dana je, posle izdavanja večere, na igralište dolazio ko je hteo, i šutirao loptu. Drugi su išli do žica i razgovarali širinom cele rampe sa FKL.

Jednom sam stajao na golu. Bila je nedelja, velika gomila flegera i rekonvalescenata okružila je igralište, neko je po njemu jurio za nekim i sugurno za loptom. Stajao sam na golu – okrenut leđima rampi. Lopta je otišla u aut i dokotrljala se do žica. Dižući je sa zemlje pogledah rampu.

Na rampu je upravo stigao voz. Iz teretnih vagona počeše da izlaze ljudi i da idu prema šumici. Izdaleka su se videle pege na haljinama. Očigledno žene su već obukle letnje haljine, pvi put u ovoj sezoni. Muškarci su skinuli kapute i svetleli belim košuljama. Povorka je išla lagano, priključivali su joj se stalno novi ljudi iz vagona. Najzad se zaustavila. Ljudi su seli na travu i gledali na našu stranu. Vratio sam se s loptom i izbacio je u polje. Prešla je s noge na nogu i vratila se u luku pred gol. Izbacio sam je u korner. Zakotrljala se po travi. Opet sam pošao po nju. I dižući se sa zemlje skamenih se: rampa je bila prazna. Nije ostao na njoj nijedan čovek iz šarolike, letnje gomile. I vagoni su otišli. Savršeno su se videli blokovi FKL. Kod žica su opet stajali flegeri i pozdravljali devojke koje su im s druge strane otpozdravljale.

Vratio sam se s loptom i dodao je prema uglu. Između jednog i drugog kornera, iza mojih leđa, ugušeno je gasom tri hiljade ljudi.

Zatim su ljudi počeli da idu dvama putevima u šumu: putem direktno s rampe i onim drugim, s druge strane naše bolnice. Oba su vodila do krematorijuma, ali neki su imali sreće da idu dalje, sve do saune, koja za njih nije značila samo kupatilo i odstranjivanje vašiju, već i život. Sigurno život u logoru, ali – život.

Kad sam ujutru ustajao da perem podove, ljudi su išli – ovim i onim putem. Žene, muškarci, deca. I nosili su zavežljaje.

Kad sam sedao za ručak, bolji nego kod kuće – ljudi su išli – ovim i onim putem. U bloku je bilo mnogo sunca, pootvarali smo širom vrata i prozore, poškropili smo pod da ne bude prašine. Posle podne, donosio sam pakete iz magacina, koji su bili dopremani još ujutru s glavne pošte, iz logora. Pisar je raznosio pisma. Doktori su previjali, davali injekcije i punktirali. Ali imali su samo jedan špric za ceo blok. U toploti večeri sedeo sam u vratima bloka i čitao *Mon frère Ive* Pjera Lotija – a ljudi su išli i išli – ovim ili onim putem.

Izlazio sam noću pred blok – u tami su svetlele lampe iznad žica. Put je potonuo u mrak, ali sam jasno čuo žagor hiljade glasova – ljudi su išli i išli. Iz šume se uzdizala vatra i osvetljavala nebo, a s vatrom se dizao ljudski krik.

Gledao sam u dubinu noći, otupeo, bez reči, bez pokreta. U meni je celo telo podrhtavalo i bunilo se bez mog učešća. Više nisam vladao njime, mada sam osećao svaki njegov drhtaj. Bio sam sasvim miran, ali se telo bunilo.

Ubrzo posle toga otišao sam iz bolnice u logor. Dani su bili ispunjeni velikim događajima. Na obalu Francuske iskrcale su se savezničke trupe. Trebalo je da krene ruski front i da se približi sve do Varšave.

Ali kod nas su i noću i danju čekali na stanici kompozicije vagona natovarene ljudima. Otvarali su im vagone i ljudi su počinjali da idu – ovim i onim putem.

Pored našeg radnog logora bio je prazan i nedovršen sektor C. Gotove su bile samo barake s naelektrisanim žicama. Ali nije bilo ter-papira po krovovima, a neki blokovi nisu imali prične. Na trospratnim pričnama konjski blokovi u Birkenauu mogli su da prime petsto ljudi. U sektoru C utovareno je u te blokove po hiljadu i više mladih devojaka, odabranih od onih ljudi koji su išli. Dvadeset osam blokova – preko trideset hiljada žena. Ove žene su ošišali do glave, obukli u letnje haljine bez rukava. Rublje nisu dobile. Ni kašike, ni porcije, ni donji veš. Birkenau je ležao u močvarama u podnožju planina. Danju su se savršeno videle kroz prozračan vazduh. Ujutru su tonule u maglu i izgledale su kao orošene i natopljene maglom. Ta jutra su nas osvežavala od zaparenog dana, ali su žene, koje su dvadeset metara udesno stajale na prozivci od pet ujutru, bile pomodrele od hladnoće i zbijale su se jedna do druge kao jato jarebica.

Nazvali smo taj logor Persijskim Trgom. Za vedrih dana žene su izlazile iz blokova i vrvile su na širokom putu između blokova. Šarene letnje haljine i marame u raznim bojama koje su pokrivale gole glave ostavljale su izdaleka utisak drečavog, prometnog i bučnog trga. I zbog svoje egzotičnosti – persijskog.

Persijski Trg nije bio gotov logor. Komando Vagner gradio je u njemu put od kamena, koji je nabijao veliki valjak. Drugi su čeprkali po kanalizacijama i umivaonicama, koje su sad otvarali u svim sektorima Birkenaua. A drugi su udarali temelje za dobrobit sektora: dovozili su jorgane, limeno posuđe i vredno ih smeštali u magacin na raspolaganje šefu, esesovskom upravniku. Naravno, deo tih stvari odmah je išao u logor, gde su ih grabili ljudi koji su tamo radili. Uostalom, od svih tih jorgana i posuđa bilo je utoliko koristi što su mogli da se ukradu.

Sve krovove iznad baraka u bloku na celom Persijskom Trgu pokrili smo ja i moji drugovi. To nije činjeno po naređenju niti iz sažaljenja. Pokrivali smo ih, naime, ukradenim ter-papirom i lepili ukradenom smolom. Nismo to radili ni iz solidarnosti sa starim brojevima, flegerkama iz FKL, koje su preuzele sve funkcije. Za svaku rolnu ter-papira, za svaku kofu smole nadzornice blokova morale su da plate. Kapou, komandofireru, prominentu iz komanda. Plaćanje je bilo na razne načine: zlatom, hranom, ženama u bloku, samom sobom. Kako koja.

Kao što smo mi krpili krovove, tako su električari uvodili svetlo, stolari pravili barake i nameštaj za barake od ukradenog drveta, a zidari su donosili ukradene gvozdene peći i zidali gde je bilo potrebno.

Tada sam upoznao lice ovog čudnog logora. Dolazili smo ujutru pred njegovu kapiju gurajući ispred sebe kolica s ter-papirom i smolom. Kod kapije su stajale vahmanke, plavuše širokih bedara u visokim čizmama. Plavuše su nas pretresale i puštale unutra. Kasnije su samo išle u kontrolu blokova. Mnoge su imale svoje ljubavnike među zidarima i tesarima. Podavale su im se u nedovršenim umivaonicama ili u barakama bloka.

Zatim smo ulazili u dubinu logora među nekakve blokove i tamo na otvorenom prostoru palili vatru i kuvali smolu. Žene su se odmah sjatile oko nas. Preklinjale su da im dam nožić, maramicu, kašiku, olovku, parče hartije, pertle, hleb.

– Vi ste, ipak, muškarci i možete sve – govorile su. – Tako dugo živite u tom logoru i niste umrli. Sigurno imate sve. Zašto nećete da delite s nama.

Razdavali smo im sve sitnice, praznili džepove kao znak da više ništa nemamo. Skidali smo košulje za njih. Na kraju smo počeli da dolazimo praznih džepova i ništa nismo davali.

Te žene nisu bile iste, kako nam se činilo iz perspektive drugog sektora, dvadeset metara ulevo odavde.

Među njima su bile devojčice s nepodsečenom kosom, kovrčavi heruvimčići sa slike strašnog suda. Bile su i mlade devojke koje su s čuđenjem gledale gomilu žena pored nas i s prezrenjem nas grube, brutalne muškarce. Bilo je i udatih žena koje su očajnički molile da ih obavestimo o njihovim izgubljenim muževima, bile su majke koje su kod nas tražile tragove svoje izgubljene dece.

– Nama je tako loše, hladno, gladne smo – plakale su – da li je samo njima bolje?

– Njima je sigurno bolje ako postoji pravedni Bog – odgovarali smo ozbiljno, bez ikakve sprdnje i podsmeha.

– Ali ipak nisu umrli? – pitale su žene gledajući nas uznemireno u oči.

Odlazili smo ćutke, žureći se na svoj posao.

Nadzornice blokova na Persijskom Trgu bile su Slovakinje, koje su znale jezik tih žena. Te devojke su imale za sobom po nekoliko godina logora. Sećale su se početka FKL, kad su leševi žena ležali po svim blokovima i trulili u bolničkim krevetima, a ljudski izmet se u groznim količinama gomilao u blokovima.

I pored spoljne grubosti sačuvale su žensku mekoću i – dobrotu. Sigurno su imale svoje ljubavnike i isto tako krale margarin i konzerve da bi platitle za donetu ćebad ili haljine iz efektenlagera, ali... ali se Mirke sećam, krupne, mile devojke u ružičastoj boji.

I baraka joj je bila u ružičastoj boji i imala je ružičaste zavesice na prozoru koji je gledao na blok. Vazduh u baraci je odavao ružičasti refleks na licu i devojka je izgledala kao da je prevučena finom koprenom. Nju je voleo Jevrejin iz našeg komanda, koji je imao kvarne zube. Jevrejin je za nju kupovao sveža jaja sakupljena iz celog logora, a mleko u pakovanju bacao je preko žica. Provodio je s njom duge časove, ne obazirući se na kontrolu esesovki, niti na našeg šefa koji je hodao sa ogromnim revolverom prikačenim za letnju belu uniformu. Šefa smo s pravom zvali Filipek, jer je nicao i tamo gde ga nisu posejali.

Jednog dana je Mirka dotrčala na krov na koji su postavljali ter-papir. Mahnula je rukom Jevrejinu i viknula mu:

– Siđite! Možda ćete i vi nešto pomoći!

Spustili smo se s krova niz vrata bloka. Uhvatila nas je za ruke i privukla sebi. Uvela nas je među prične i pokazujući ležaj sa šarenim jorganom i dete koje je ležalo u njemu rekla s afektacijom:

– Gledajte, pa ono će ubrzo umreti! Recite šta da radim? Zašto se ono tako naglo razbolelo?

Dete je vrlo nemirno spavalo. Bilo je kao uramljena ruža: imalo je upaljene obraze i zlatan oreol od kose.

– Kakvo lepo dete – šapnuo sam tiho.

– Lepo! – viknula je Mirka – znate da je lepo! Ali ono može umreti! Moram da ga skrivam da ne bi otišlo u gasnu komoru! Esesovka može da ga nađe! Pomozite mi!

Jevrejin joj je stavio ruku na rame. Snažno ju je otresla i počela da rida. Slegao sam ramenima i izašao iz bloka.

Izdaleka su se videli vagoni koji su išli duž rampe. Dovozili su nove ljude koji će ići. Putem između sektora vraćala se od vagona jedna grupa iz Kanade i mimoišla drugu koja je išla na smenu. Iz šume se dizao dim. Sedeo sam pored kazana koji je krčkao i mešajući smolu dugo sam mislio. U jednom trenutku uhvatio sam se u misli da bih želeo da imam takvo dete rumenih obraza u snu i raščupane kose. Nasmejao sam se glupoj misli i krenuo na krov da postavljam ter-papir.

Sećam se takođe druge nadzornice bloka, visoke, riđe devojčinje širokih stopala i crvenih ruku. Nije imala svoju baraku, već samo nekoliko ćebadi rasprostrtih na krevetu i nekoliko obešenih na konopcu umesto zida.

– Neka ne misle – govorila je pokazujući žene koje su ležale jedna pored druge na pričnama – da čovek beži od njih. Ništa im ne mogu dati, ali neću ništa od njih ni uzeti.

– Veruješ li u zagrobni život? – upitala me je u toku nekog šaljivog razgovora.

– Ponekad – odgovorio sam uzdržano. – Jednom sam verovao u zatvoru, a jednom u logoru kad mi je smrt bila za vratom.

– A ako čovek čini zlo, onda će biti kažnjen, zar ne?

– Valjda, ukoliko nema nekih viših normi pravde od one ljudske. Shvataš – otkrivanje mehanizma, unutrašnje pobude, nevažnost krivice prema suštinskom smislu sveta. Da li zločin počinjen u jednoj ravni može biti kažnjen u prostoru?

– Ali onako ljudski, normalno? – uzviknula je.

– Treba da bude kažnjen, to je jasno.

– A da li bi ti činio dobro kad bi mogao?

– Ne tražim nagradu, ja pokrivam krovove i hoću da preživim logor.

– I misliš da ih – klimnula je glavom u neodređenom pravcu – ne treba kazniti?

– Mislim da ljudima koji nepravedno stradaju nije dovoljna sama pravda. Oni hoće da i krivci nepravedno stradaju. To će osetiti kao pravdu.

– Ti si pametan čovek! Ali ne bi umeo da pravedno razdeliš čorbu a da ne daš svojoj ljubavnici! – rekla je s ironijom i ušla u blok. Žene su ležale na buksama s nekoliko spratova, tesno pribijene. U nepomičnim licima svetlele su velike oči. U logoru je već počela glad. Riđa nadzornica bloka provlačila se između buksi i zagovarala žene da ne bi mislile. Izvlačila je iz buksi pevačice – i naredila da se peva. Igračice – i naredila da se igra. Recitatorke – i naredila da se govore stihovi.

– Stalno, stalno pitaju gde su im majke, očevi. Mole da im pošalju pismo.

– I mene mole. Ali šta se može.

– Tebe? Ti dođeš i odeš, a ja? Molim ih, preklinjem da se trudnice ne prijavljuju lekaru, bolesne da sede u bloku! Misliš da mi veruju? Pa čovek im želi samo dobro. Ali kako im pomoći kad se same guraju u gasnu komoru!

Neka devojka je pevala na peći moderni šlager. Kad je završila žene sa buksi počeše da pljeskaju. Devojka se osmehivala i klanjala. Riđa nadzornica bloka uhvatila se za glavu.

– Ja više ne mogu da izdržim! Pa to je odvratno – prosiktala je i skočila na peć.

– Silazi! – siknula je devojci.

U bloku je nastala tišina. Nadzornica bloka podiže ruku.

– Mir! – viknu, mada niko nije progovorio ni reči.
– Pitali ste me gde su vaši roditelji i vaša deca. Nisam vam rekla, jer mi vas je žao. Sad ću vam reći da znate jer će i s vama učiniti isto ako se razbolite! Vaša deca, muževi i roditelji nisu uopšte u drugom logoru. Nagurali su ih u podrum i ugušili gasom! Kao i milione drugih, kao moje roditelje! Razumete, gasom! Oni se spaljuju na lomačama i u krematorijumima. Onaj dim koji vidite iznad krovova nije uopšte iz ciglane, kako vam govore. To je od vaše dece! A sad pevaj dalje – reče mirno preplašenoj pevačici, skoči s peći i izađe iz bloka.

Poznato je da su se Osvjenćim i Birkenau kretali od lošeg do dobrog. Najpre su masovno tukli i ubijali na radu, zatim sporadično. Najrpe su ljudi spavali na podu okrenuti na bok i okretali su se na komandu, zatim na pričnama, kako je ko hteo, pa čak i pojedinačno po krevetima. U početku su ljudi stajali na prozivci po dva dana, zatim samo do drugog gonga, do devet sati. Prvih godina bilo je zabranjeno slati pakete, kasnije su dozvolili do težine od pola kilograma, najzad – koliko hoćeš. Bilo je zabranjeno imati džepove, kasnije su dozvolili čak civilna odela na terenu Birkenaua. U logoru je bilo „sve bolje" posle tri ili četiri godine. Niko nije verovao da bi moglo biti kao ranije i bio je ponosan što je preživeo. Što je Nemcima gore na frontu, to je bolje u logoru. A da će im biti sve gore...

Na Persijskom Trgu vreme se vratilo unazad. Gledali smo opet Osvjenćim iz četrdesete godine. Žene su halapljivo srkale čorbu koju kod nas u blokovima niko nije jeo. Smrdele su na znoj i žensku krv. Od pet sati ujutru stajale su na prozivci. Pre nego što su ih prebrojali bilo je skoro devet. Tad su dobijale hladnu kafu. U tri po podne počinjala je večernja prozivka i dobijale su večeru: hleb i dodatak uz hleb. Pošto nisu radile nije im sledovala culaga – dodatak za rad.

Ponekad su ih isterivali iz blokova, danju, na vanrednu prozivku. Postavljale su se u redove po pet i jedna za drugom ulazile u blok. Krupne plavuše, esesovke u dugim čizmama, izvlačile su iz redova mršavije, ružnije, trbušaste žene i ubacivale ih u sredinu „oka". „Oko" – to su bile sobne starešine koje su se držale za ruke. Činile su zatvoreni krug. „Oko" ispunjeno ženama kao stravična igra, pomeralo se prema kapiji logora i upijalo u zajedničko „oko". Petsto, šesto, hiljadu izabranih žena. Sve su išle – onim putem.

Ponekad je esesovka ulazila u blok. Posmatrala je ležaje, žena koja gleda žene. Pitala je hoće li neko kod lekara, koja je trudna. Dobiće mleko i beli hleb u bolnici.

Žene su izlazile iz buksi i uhvaćene „okom" išle prema kapiji, takođe onim putem.

Slobodno vreme – radilo se da prođe dan, jer je materijala bilo malo – provodili smo na Persijskom Trgu kod nadzornica blokova, ispred blokova ili u klozetu. Kod nadzornica blokova pio se čaj, ili se išlo u baraku da se odspava na ljubazno pozajmljenom krevetu. Ispred blokova se razgovaralo sa tesarima i zidarima. Oko njih su se motale žene, već u sviterima i čarapama. Donesi bilo kakvu krpicu pa ćeš moći s njima da radiš šta god hoćeš. Otkad logori postoje nije bilo toliko žena na biranje!

Klozet je bio zajednički za muškarce i žene. Jedino što je bio pregrađen daskom. Sa ženske strane – gužva i vriska, kod nas – tišina i prijatna hladovina od betonskih uređaja. Sedi se tu po čitave sate i vode se ljubavni dijalozi sa Kaćom, mladom, vitkom spremačicom iz klozeta. Niko se ne ustručava i nikome ne smeta situacija. Čovek je već toliko toga video u logoru...

Tako je pršao jun. Danima i noćima ljudi su išli – ovim i onim putem. Od zore do kasne noći stajao je ceo Persijski Trg na prozivci. Dani su bili vedri i smola se topila na krovovima. Zatim su došle kiše i duvao je jak vetar. Jutra su bivala oštra i hladna. Zatim se vratilo lepo vreme! Na rampu su neprekidno stizali vagoni i ljudi su išli dalje. Često smo ujutru stajali, ne mogavši da izađemo na posao, jer su putevi bili zakrčeni njima. Išli su lagano, u odvojenim grupama i držali su se za ruke. Žene, starci, deca. Išli su izvan žica, okrećući prema nama nema lica. Gledali su nas sa sažaljenjem i bacali nam hleb preko žica.

Žene su skidale satove s ruku i bacale ih nama pred noge, pokazujući gestovima da ih možemo uzeti.
Orkestar kod kapije svirao je fokstrote i tango. Logor je gledao prolaznike. Čovek poseduje malu skalu reakcija na velika osećanja i snažne strasti. Izražava ih isto kao i sitne, običbne reflekse. Tada upotrebljava iste, jednostavne reči.
Koliko ih je već prošlo? Od polovine maja je skoro dva meseca, računaj po dvadeset hiljada dnevno... Oko milion!
– Nisu svakog dana toliko njih ugušili gasom. Uostalom, đavo će ga znati, ima četiri dimnjaka i nekoliko jama.
– Ili računaj drugačije: iz Košica i Munkača – skoro šezdeset hiljada, nema tu šta, sve su dovezli, a iz Budimpešte? Biće oko trista hiljada?
– Zar ti nije svejedno?
– *Ja*, ali valjda će se to brzo završiti? Ipak će ih sve pobiti!
– Neće zafaliti.
Čovek sleže ramenima i gleda na put. Iza grupe ljudi lagano idu esesovci i dobroćudnim osmesima bodre ih da marširaju. Pokazuju da je to već blizu i lupkaju po ramenu nekog starca koji trči u jarak i tamo čučne, brzo skinuvši pantalone. Esesovac mu pokazuje grupu koja se udaljava. Starac klima glavom, navlači pantalone i smešno skakućući trči za njom.
Čovek se osmehuje zabavljen što vidi drugog čoveka koji se tako žuri u gasnu komoru.
Zatim smo išli u efektenlager da ponovo premazujemo krovove koji su prokišnjavali. Tamo su se gomilala brda prnja i nerasporenih zavežljaja. Dragocenosti oduzete onim ljudima koji su išli ležale su na vrhu, izložene suncu i kiši.

Potpaljivali smo vatru za smolu i išli „u snalaženje". Jedan je donosio kofu s vodom, drugi vreću sušenih višanja ili šljiva, drugi šećer. Kuvali smo kompot i nosili na krov da ga piju oni što su markirali posao. Drugi su pržili slaninu s lukom i jeli uz proju. Krali smo sve što nam je palo pod ruku i nosili u logor.

S krovova su se savršeno videle lomače u plamenu i krematorijumi koji su radili. Gomila je ulazila unutra, svlačila se, a onda su esesovci brzo zatvarali prozore, snažno zavrćući šrafove. Posle nekoliko minuta, što nije bilo dovoljno ni da se premaže komadić ter-papira, otvarali su prozore i vrata sa strane i provetravali. Dolazilo je zonderkomando i izvlačilo leševe na gomilu. I tako od jutra do večeri – svakog dana.

Pošto je takav transport ugušen gasom, stizali su zakasneli automobili s bolesnicima i bolničarkama. Nije se isplaćivalo da ih guše gasom. Skidali su ih gole pa je oberšarfirer Mol pucao iz flobera, ili ih je žive gurao u rasplamteli rov.

Jednom je automobilom stigla mlada žena koja nije htela da se odvoji od majke. Obe su svukli u komori, majka je pošla napred. Čovek koji je trebalo da vodi kćerku stao je zapanjen čudesnom lepotom njenog tela i zadivljen počešao se po glavi. Na ovaj ljudski, prostački gest žena se opustila. Zacrvenevši se uhvatila ga je za ruku:

– Reci mi šta će uraditi sa mnom?

– Budi hrabra – odgovori čovek ne oslobađajući ruku.

– Ja sam hrabra! Vidiš da se ne stidim tebe! Reci!

– Pamti! Budi hrabra, hodi. Ja ću te voditi. Nemoj samo da gledaš.

Uhvatio je za ruku i poveo, zaklanjajući joj drugom rukom oči. Prštanje i smrad masti koja je gorela i toplota što je odozdo izbijala prestrašili su je. Trgla se. Ali je on nežno nagnuo njenu glavu, otkrivajući vrat. U tom trenutku oberšarfirer je opalio, skoro ne nišaneći. Čovek je gurnuo ženu u rasplamteli rov i kad je padala čuo je njen užasan, isprekidan krik.

Kad se Persijski Trg, ciganski logor, FKL napunio ženama odabranim od onih koji su išli, otvoren je preko puta Persijskog Trga – novi logor, Meksiko. Bio je isto nedovršen i tamo su takođe postavljali barake za starešine blokova, instalirali svetlo i postavljali okna.

Dani su bli slični jedni drugim. Ljudi su silazili iz vagona i išli – ovim ili onim putem.

Ovi u logoru su imali svoje brige: čekali su pakete i pisma od kuće, snalazili se za prijatelje i ljubavnice, intrigirali među drugim ljudima. Noći su padale posle dana, kiše su dolazile posle suše.

Krajem leta, prestali su da stižu vozovi. Sve manje ljudi je išlo u krematorijum. Oni iz logora osećali su u početku izvesnu prazninu. Zatim su se privikli. Uostalom, naišli su drugi važni događaji: ruska ofanziva, ustanička Varšava u plamenu, transporti iz logora koji su svakodnevno odlazili na zapad, u neizvesnost, u novu bolest i smrt, pobuna u krematorijumima i bekstvo zonderkomanda, koje se završio streljanjem begunaca.

Zatim su prebacivali čoveka iz logora u logor, bez kašike, bez tanjira, bez donjeg veša.

Ljudsko sećanje čuva samo slike. I danas kad mislim o poslednjem letu Osvjenćima, vidim beskrajnu šaroliku gomilu ljudi koja je svečano krenula – ovim i onim putem, ženu koja stoji pognute glave iznad rasplamtelog rova, riđu devojku u pozadini tamne unutrašnjosti bloka, koja mi nestrpljivo dovikuje:

– Da li će čovek biti kažnjen? Ali onako ljudski, normalno!

I još vidim pred sobom Jevrejina s kvarnim zubima kako svake večeri dolazi pred moju buksu i dižući glavu stalno pita:
— Jesi li dobio danas paket? Bi li prodao jaja za Mirku? Platiću u markama. Ona tako voli jaja...

SMRT USTANIKA

Pored rova, iza uskog pojasa livade, ležalo je polje pod repom. Nagnuvši se iza mrkog nasipa sveže izbačene lepljive gline, moglo se videti zeleno, mesnato lišće skoro na domaku ruke, a ispod njih razastrta u mokroj zemlji bela stočna repa s ružičastim žilama. Polje se prostiralo obronkom uz planinu i prekidalo se ispred zida crne šume rasplinute u retkoj magli. Na kraju šume stajao je stražar. Iz njega je štrčala motka duge, navodno danske puške. Nekoliko desetina metara levo, ispod rahitičnih šljiva, smestio se drugi stražar i dobro se ututkavši u sivi pilotski ogrtač gledao je ispod kape, nataknute na uši i čelo, u dolinu kao u dno kade.

Dalje na obronku, tamo gde se šuma završavala grupama mladih vrba, između neobično žive rečice i druma koji je poprečno presecao dolinu, išli su džinovski traktori poravnavajući plugovima zemlju koju su kidali bageri, a dovožena je odozdo kompozicijom vagoneta koje su gurali ljudi. Tamo je bilo opasno, puno žagora i gužve. Ljudi su gurali vagonete, nosili pragove i šine, kidali u režnjevima utrinu za maskiranje zgrada, za koje je traktor tek sada ravnao teren.

Na dnu kade kopali smo rov. Rov koji je po planu završen još dok je bilo lepo vreme, kad je sijalo sunce, a ispod drveća bilo puno zrelih šljiva koje je otresao vetar, počeo je da se za vreme kiše osipa pa čak i da preti da će se sasvim srušiti, iako su nam naredili da za vodovod ravno kopamo zidove a ne – kako se to kaže – „nahero", ne predvidevši da će Norvežani, kojima su naložili da postave vodovodne cevi u rovove, solidarno poumirati do poslednjeg već posle prvih desetak kilometara. Prema tome, uzeli su nas što su brže mogli da nosimo šine i izvlačimo zapletene čelične šipke, koje su po volji božjoj ležale na gomili na stanici i poterali su nas na dno kade da popravljamo rov, koji se protezao neverovatno blizu polja pod repom.

– Pomislio bi da tamo nekakav rov, tobož ništa ne znači – rekoh Romeku, bivšem diverzantu iz okoline Radoma, koji je već dve godine u logorima odrađivao Nemcima ono što im je u Poljskoj pokvario. Radili smo ortački od osnivanja ovog vašljivog logora na kraju male livadice, u podnožju jednog od virtemberških brda i stekli smo u kopanju rovova izvesnu rutinu. On je kucao pijukom meku zemlju drobeći je u kašu, a ja sam je izbacivao krajem lopate na hrbat nasipa. Kad se on lenjo klatio oslonjen na pijuk, naslanjao sam se na vlažan, popucali zid rova i sedeo na vešto podmetnutoj lopati. Kad sam se ja klatio, on je preuzimao moju funkciju podupiranja rova. Izdaleka je to izgledalo kao da je u rovu jedan čovek koji radi lagano ali zato predano i bez odmora.

– Pa šta ako je rov? – prihvatio je razgovor Romek, zanjihavši se bez oduševljenja na pijuku. Veština da se vodi razgovor i da se oteže tokom celog dana bila je skoro isto tako važna kao i hrana. – Osuo se i tačka. Kad ga popravimo, otići ćemo dalje – govorio je ritmički, deleći reči udarcima pijuka. – Samo ne na nošenje šina ili pragova, kao oni iz ustanka. Uz pijuk i lopatu još će moći da se izdrži. Ali ako hoćeš nešto da kažeš, onda reci odjednom a ne onako izokola.

Pogledao je po horizontu. Imao je plave, reklo bi se izbledele oči i dobrodušno, veoma smršalo lice, s veoma izrazitim kostima.

– Čak se ni sunce ne vidi – primetio je zabrinuto.
– Šta misliš hoće li biti kiše?

Zgrčio se kod zida u udubljenju od pažljivo iskopane gline. Tamo je bilo suvo i, reklo bi se, toplije. Iznad rova je duvao mahniti jesenji vetar i terao gore nemirne oblake nabrekle od kiše, ali je dole bilo tiho.

– Pih, kiša – odgovorio sam lakomisleno. – Je l' to nama prvi put? A pogledaj rov, kad smo počeli da ga kopamo, bilo je nas starih ravno hiljadu. Sve kršni momci koji su ležali u ne bilo kakvim logorima, što su već mnogo preturili preko glave.

Mahnuo sam ćutke nekoliko puta praznom lopatom i zaustavio sam grudve koje su se osipale niz nasip.

– Iskopali smo rov, malo je svetlelo sunce, malo je padala kiša, malo se rov osuo – i ostalo nas je polovina. – A od onih tamo – pokazao je rukom iza okuke rova gde je radio ostatak naše grupe, oni iz ustanka – ne znam da li je i polovina živa. Kažu da su nosači leševa juče dobili po dva somuna hleba, jer su izvezli pedeset leševa u sanduku. A jedan se Jevrejin udavio u blatu nasred logora. Zato smo juče tako dugo stajali na prozivci. Kod nas se u bloku čorba već ohladila.

Bivši diverzant ustade iz udubljenja i uhvati pijuk.

– Ne dva, ne dva somuna – svaki nosač leševa dobio je samo pola hleba i malo margarina kao nagradu. A znaš da mi onih tamo, kako ti kažeš, ustanika, baš nimalo nije žao. Ja im nisam rekao da ovde dođu. Sami su hteli. Dobrovoljci, došli pred kraj rata da dobrovoljno grade logor, industrijalizuju zemlju – dodade zajedljivo i završi psovkom.

– Verovatno su već sredili rov, jer se nešto ne čuju njihove svađe oko politike. Mora da su otišli dalje. Od jutra se trude kao da su ludi. Misle da će majstor Bač dati nekome korice od hleba.

– Dabome, daće! Ne boj se, naš Hrvat će dobro pogledati, proračunati, pa tek onda će ti dati, kao da je to kobasica! Ima on svoj sistem, ume da podstakne na posao, tobož ne bije, već mami koricom. Ume da podbode, a ti, budalo, radi. Ko želi da crkne, nek čeka korice. Ja ti više volim da manje jedem a da ništa ne radim.

– Naradi se tamo neki za ceo hleb, a pojede parče korice – potvrdio sam žurno. – A da pođem po repu. Nešto bismo pojeli, zar ne? Baš se dobro potrefilo, jer je majstor otišao u selo.

– Sigurno, furaj. Sad je na tebe red. Ja sam doneo juče i prekjuče. Ali pazi na kapoa, vrti se tamo oko bagera – upozorio je Romek. – Donesi i dve, možda ćemo nešto iskombinovati. Ima budala. Samo nikome ne daj.

– Ma kakvi! Stari će sigurno doći. Pa on više voli da ne dojede hleb, mora da napuni burag zelenišem, samo da bude mnogo toga. Šta on sve ne jede! I mleč, i divlji češnjak, i livadski peršun. Ja ti kažem da će on odapeti.

Pažljivo sam utisnuo lopatu u zemlju da se ne bi uprljala u blatu ako padne i kriomice pođoh duž rova između kaljuga od poslednje kiše.

Stvar je bila u tome što je trebalo vaditi repu ne u polju što je ležalo pod nosom, već u drugom, bliže traktorima i žagoru ljudi koji su gurali vagone natovarene zemljom, bliže kapou nervoznom kao riba na udici, pa i stražaru, koji je ponekad iz dosade mogao nekog i da rani metkom. Naime, za vađenje repe pretile su nedvosmislene sankcije, jer šta su bili krivi mirni seljaci iz Virtemberga što se na njihovu zemlju neočekivano sjatila banda zatvorenika i smestila se u malim logorima od Štutgarta pa sve do Balingena da od kamena prave ulje? Već su se ionako dosta napatili, strašno su im izrovali livade, stavili pašnjake pod upravu ratnih fabrika, a vojnici i majstori iz organizacije Tot vršljaju sa zadovoljstvom po baštama i vrtovima, a još više među verenicama odsutnih meštana, koji se nalaze *zur Zeit*[1] na frontu.

Iza okuke rova, na izvesnoj udaljenosti od nas, radila je grupa starijih ljudi iz varšavskog ustanka, odevena jednolično u prugasta logoraška odela, mada s izvesnim individualnim odstupanjima. Jedan je uvukao kaput u pantalone, jednom je virila ispod kaputa cementna vreća, odlična zaštita od kiše i vetra. drugi se poslužio ter-papirom koji je stavio na sebe, izrezavši otvore za glavu i ruke.

– Gospodo, propustite me, Bog vam pomogao u radu – rekoh učtivo. – A vi, ustaniče, mogli biste da skinete taj ter-papir sa sebe. Niste videli juče kako je esesovac umlatio Jevrejina zbog slame koju je našao kod njega?

– A zar sam ja Jevrejin? Jevreje i mogu da mlate, a ne arijevce. Uostalom, vodite brigu o sebi. Kad bih imao tri košulje, i ja bih bio tako pametan i išao bez ter-papira.

– Gospodine, vi idete po repu? – upita me onaj s blatnjavim, nekada elegantnim cipelama.

– A ako idem po repu, šta onda?

– Kako bi bilo da donesete jednu za nas.

– Repa je teška za želudac, gospodine. Dobićete durhfal i odapećete dok kažete britva. Nije li bolje da to doživite u mislima?

---

[1] U to vreme.

– Kad mi se tako jede, gospodine. A kad je čovek gladan, ne živi mu se baš mnogo – reče razumno stari.

Osmotrio sam detaljno starog „muzelmana". Kaput je opasao debelim nadovezanim kanapom i ispunio se debelim slojem slame, koja je virila ispod kusog uzdignutog okovratnika, kao da je taj komad vlagom natopljenog platna od koprive mogao da ga zagreje. Ali mu nije palo na pamet da uvuče pantalone u one nekad elegantne cipele, još iz Varšave. One su bile oblepljene slojem starog, sasušenog blata i gustom, lepljivom masom sveže gline.

– Ej, stari, stari – rekoh s prezrenjem – vi ne umete sebe da poštujete. Treba malo da se osvrnete oko sebe, malo da se uredite, ipak logor nije pansionat gde će vam sve dati, to nije kao kod mame u kući. Kad se očistite od blata i malkice se promrdate, u vama će biti više zdravlja nego kad biste pojeli komad hleba. A ako budete jeli samo repu i kupovali svakog dana cigaretu za pola porcije čorbe, šta mislite, da ćete izdržati? Uvaliće vas u sanduk i odneti, i toliko će ostati od vas. Ionako izgledate k'o nesrećni slučaj.

– Kad biste pojeli samo litar vodene čorbe i komad hleba, i vi biste izgledali kao mi – prekinuo je bujicu mojih reči onaj u ogrtaču od ter-papira.

– A zar ja jedem više od vas, šta li? – iskreno sam se pobunio. – Samo nisam navikao na poslastice kao vi iz Varšave. I umem da poštujem sebe.

– A ko je juče porciju čorbe izneo iz našeg bloka ako ne ti? Možda ćeš reći da nije istina?

– Prodao sam juče metlu starešini iz vašeg bloka i dao mi je za to porciju čorbe. Radili smo svi pored vrbaka. Jesam li vam ja branio da pravite metle? Vi ste se lepo u podne izležavali dok sam ja pleo pruće.

– E, i ja sam tako pametan. Zar će starešina bloka da uzme od mene? Više voli da besplatno dâ čorbu nekom od vas iz Osvjenćima.

– Kad odsediš nekoliko godina kao mi svi, i tebi će dati drugu porciju čorbe – odgovaram ljutito i trčim po repu, psujući samog sebe zbog nepotrebnog kašnjenja.

Nekih sto metara dalje rov je skretao prema crnom kvadratu zemlje koju su kidali traktori i bageri. Odmah ispred okuke nasip iznad rova bio je uklonjen, a u zidu rova iskopane su dve plitke rupe, u kojima je stopalo moglo savršeno da nađe oslonac. Stavivši nogu u udubljenje i uhvativši se prstima za ivicu rova, s naporom sam se podigao iznad rova i ne obazirući se na to što mi je ceo kaput bio u blatu, počeh da puzim između repa. Sakriven donekle repinim lišćem tu sam se osećao malo bodrije. Odoka sam izabrao najdeblju krtolu, bez žurbe sam pootkidao lišće i zvukao je iz zemlje. Gledao sam repu, ali osim beloružišastih, zaobljenih repinih glava, ništa nisam mogao da primetim. Uzeo sam onda još jednu repu, metnuh obe ispod kaputa i držeći u ruci nekoliko listova kao zaklon od pogleda kapoa ili stražara, počeh da se povlačim u rov. Najzad sam se uvukao među popucale, vlažne zidove i odahnuo s olakšanjem.

Očistio sam kaput i pantalone drvenom lopaticom koju sam izvadio iz džepa, vrlo brižljivo sam ostrukao ruke i cipele i pridržavajući repe ispod peševa kaputa, odskakutao sam svojima. Bio sam malo uzbuđen i disao sam kao gonjeni pas.

– Gospodine, dajte jednu, dajte komadić – nagovarali su me ustanici kad sam prolazio pored njih.

– Ljudi, ostavite me na miru! – povikah skoro očajan, pritiskajući na stomak odvratno vlažne repine glave. – Izvadite sami! Tamo rastu repe za sve! Zar sam ja jedini?

– Kad je vama lakše, jer ste mladi – reče onaj s ogrtačem od ter-papira.

– Onda crknite kad ste stari i bojite se. Da sam se ja bojao, odavno bi preko mene rasla trava!

– Udavi se tom repom, pasji sine! – viknu za mnom zlobno čovek u ogrtaču od ter-paipira.

Probio sam se do bivšeg diverzanta. Romek je čučnuo u rov držeći se za dršku od pijuka.

– Ionako niko ne gleda, zašto onda da se trudiš? – reče vrlo razumno.

Izvukao sam repe ispod kaputa. Diverzant je zario pijuk u dno rova, iskopao jamicu, izvukao je iz nekog skrovitog mesta u odelu dragocenu stvar: nožić i brižljivo oljuštio repe, bacajući ljuske u jamicu.

– Razumeš, jednom smo pošli da sredimo jednog predsednika opštine – govorio je isecajući sa repe žilave delove koji nisu godili osetljivijem nepcu. – Ježini ili Đeržini, tako se nekako zvalo to seoce. Opkolili smo kuću na brzu ruku i Vilk – u svim Romekovim pričama Vilk je svirao prvu violinu – uspentra se kroz prozor u kuću, čekamo da se stvar sredi. Ali on ništa, samo me zove. Upadam, razumeš, i ja, osvrćem se, jer je bilo mračno, leži predsednik opštine sa ženom u krevetu i neće da izađe. „Dođi na saslušanje" – kaže Vilk. „Ja ga ne puštam, saslušajte ga u krevetu" – kaže žena. A predsednik ćuti od straha. Pucaj, kažem u jastuk, nema se kud, šta se sve ne radi u ime otadžbine. Opalismo u čoveka, da je perje poletelo do tavanice. Misliš li da je žena udarila u kuknjavu za njim? Nije nego! „Gadovi jedni – kaže – ništarije partizanske, jastuk i perinu ste mi sasvim upropastili"!

— Sve je to lagarija — presudio sam, nabijajući lopatom jamicu s ljuskama. — Ali kakve veze ima predsednik opštine s repama?

— Ima itekako — diverzant mi dade repu isečenu na delove, koju sam odmah stavio u džep — jer smo u ostavi kod starog fasovali ovoliki kolut kobasice.

— A kakvih kobasica, gospodine? Jer ja se pomalo razumem u suhomesnate proizvode — reče iznenada stari u blatnjavim, nekad elegantnim cipelama. Prišao nam je tiho i naslonivši se na lopatu, bogobojažljivo je slušao diverzantove pričice, a sa još većom bogobojažljivošću pratio sečenje repe.

— Kakvih kobasica? Sigurno da nisu safalade. Običnih kobasica s belim lukom — odgovori nabusito Romek. — Sigurno su bolje od ove repe. To valjda možete da zamislite!

Pružio mi je režanj repe i sebi odsekao drugi. Imali su otužnu ljutkastu slast saharina i od njih se širila neprijatna jeza po telu. Zato su se jeli oprezno i u malim količinama.

— Gospodine, dajte parče, nemojte da ste takvi.

Čovek u cipelama dreždao je pored nas sa staračkom upornošću.

— Trebalo je da izvadite za sebe — reče Romek. — Samo biste hteli da neko za vas potura stražnjicu kao u Varšavi, zar ne? A sami se bojite?

— Pa kako sam mogao da se borim u Varšavi kad su me Nemci odmah odveli?

— Idite, idite, stari, na posao i dalje se trudite pa će vam možda majstor Bač dati korice od hleba — rekoh podsmešljivo, a kad nije odlazio, ne mogavši da odvoji pogled od režnjeva koje smo nonšalantno krckali dodah nestrpljivo: — Pa čujte, stari, repa škodi želucu. Ima u njoj vode. A vi jedete cele glavice. Ne bole vas noge?

– Ma otkud me bole, samo su mi malo natečene – reče stari živnuvši, dižući blatnjave nogavice od pantalona. Iz uprljanih blatom, nekad elegantnih cipela, iz neverovatno izuvijanih dronjaka i krpa, virili su otekli, bolesno beli, skoro modri nožni listovi.

Sagnuo sam se i pritisnuo prstom kožu. Diverzant je ravnodušno čačkao pijukom po zemlji. Nisu mu imponovale tamo nekakve otečene noge.

– Vidite, stari, prst ulazi u telo kao u umešeno testo. A znate zašto? Voda i ništa, samo voda. Kad dođe od nogu do srca, onda je kaput. Ne sme se ništa piti, čak ni kafa. Razume se, ni zeleniš se ne sme jesti. A vi hoćete repu.

Stari kritički pogleda svoj nožni list, a zatim podiže prema meni bezizrazne oči.

– Daću vam komad hleba, ali za celu repu – reče bezglasno i izvuče iz džepa pola kriške jutarnjeg hleba, kako sam munjevito i stručno ocenio.

Diverzant se nasloni na pijuk, a drugom se rukom podboči.

– Vidite, stari, uvek ste isti. Svakog dana ista stvar. Trebalo je odmah izvući hleb, a onda pričati budalaštine. Vi od jutra možete da izdržite – dodao je s mešavinom prezrenja, priznanja i zavisti.

– Da, ako treba. Ovakvom repom čovek bar može da napuni creva. Dajte brzo, jer moram na posao. Pričamo, pričamo, a tamo drugi kopaju za mene.

– Hleba dajete za mali prst, a repe hoćete za celu šaku – reče načelno Romek. – Ali nek vam bude da ne gnjavite.

Zgrabio je hleb, stavio ga u udubljenje, zatim je, izvadivši iz džepa komadić repe, složio komadiće u celinu, da bi predočio da prevare nema i da je repa zaista cela, nenačeta, i predao ih je starom, koji je skupivši komadiće repe u skute od kaputa, žurno otišao iza okuke rova, vukući za sobom lopatu.

Tada je Romek zavukao ruku u udubljenje, izvukao hleb, podelio ga pravedno na dva jednaka dela i dao mi jedan. Počesmo obojica da žvaćemo, pažljivo mešajući hleb sa pljuvačkom i gutajući ga bez žurbe. Najzad je Romek izvukao iz džepa dve prignječene, uvele šljive. S lukavim osmehom dobaci mi jednu. Uhvatih je u vazduhu.

– Znaš, treba imati strpljenja i znati sačuvati klopu do određenog vremena. Našao sam šljive kad smo ujutru išli po alat u baraku. Kad bih ja umeo tako hleb da sačuvam... Ali ti bi odmah pojeo.

– Naravno da bih pojeo – odgovaram potvrdno. Opet smo se bez dogovora vratili starom sistemu rada. On se njihao na pijuku, drobeći ostatke grudvi koje su pale s nasipa, a ja sam leđima podupirao udubljenje, u kome se činilo da je nešto toplije nego u golom rovu, možda zato što je iznad rova duvao vetar, a tu je bilo malo zemlje iznad glave slično krovu.

– Znaš, kad sam u Osvjenćimu dobijao pakete, kondenzovano melko sam odmah ispijao – govorim sanjareći. – Nikad nisam umeo da podelim. A i ovde odmah jedem porcije. Da li si me nekad video da imam hleba kod sebe? Za tili čas pojedeš, malo popiješ kafe, ali ne mnogo, i prestojiš ceo dan s lopatom. Važno je da se ne naradiš.

– Najbolji sistem je da ne nosiš hranu u džepu. Što je u želucu to ni lopov neće ukrasti, ni vatra sagoreti, niti će uzeti za porez. Onaj što deli, gnjavi i mrljavi s jelom – brzo će odapeti. To je jevrejski sistem.

– I varšavski – dodadoh misleći na skorašnju transakciju.

Zabio je pijuk u zemlju i naslonio se na zid rova. Rov je bio uzak i neproporcionalno dubok. Vlažna zemlja je mirisala na mrtvački zadah trule trave. S jedne strane uzdizao se nasip, iza nasipa se prostiralo repište, a dalje su bili traktori, lanac straža i šuma. S druge strane bila je livada, na kojoj su ponegde rasle divlje šljive. Šljive su stizale čak do sela, koje je ležalo sasvim dole, niže od kade. Od nas se video vrh crkve, koji se uzdizao nasred sela, iznad vodopada ujesen nabujale rečice, kao i crveni krovovi kuća koji su silazili sve niže. Dalje se uspinjala uz obronke brežuljka mlada smrekova šuma. Iza šume je ležao naš mali, nedavno otvoren logor, u kome je u toku dva meseca umrlo tri hiljade ljudi. Od šume se prostirao beli pojas puta, nestajao u selu i pojavljivao se zajedno sa šljivama.

Izdaleka, presecajući iskosa livadu, silazio je s puta majstor koji se izdvajao od mokrog zelenila trave jarkom bojom uniforme organizacije Tot. Bio je to veliki stručnjak za vodovodne instalacije, nošenje šina i utovar vreća s cementom, kao i sjajan organizator prikupljanja hrane po okolnim selima, koga u tome nisu prevazišli ni osvjenćimski logoraši. Brinuo se o svojim ljudima, a imao je nas dvadeset. Skupljao je, eto, svakog dana od svojih kolega korice hleba i delio ih onima što su najvrednije radili.

Uhvatio sam lopatu u ruke i počeo energično da izbacujem grudvice zemlje. Bivši diverzant je uzeo pijuk i pomerivši se od mene dobrih nekoliko metara da ne bismo stajali zajedno, podigao pijuk visoko iznad ivice rova, dozvoljavajući mu da u rov pada sopstvenom težinom.

– Počeo si nešto o rovu malopre, zar ne? – upita kad se ćutanje neprijatno otegnulo. Trebalo je razgovarati ceo dan, tad je čovek gubio osećanje vremena i nije imao prilike da snuje destruktivne planove o hrani. – Ded, ispričaj! Kako je to bilo? – i opet je zamahnuo pijukom veoma vodeći računa da njime zablista iznad rova.

– Jer vidiš, tako se čačka, kopa za dobro Nemaca, jednom u Šljonsku, negde ispod Beskida, jednom u Virtembergu, onda opet na švajcarskoj granici, svaki čas neko od drugara umre, onda opet doteraju nove, i tako, burazeru, ukrug. A kraj se ne vidi. A kad dođe zima...

– Ne pričaj. Stavi uvo uza zid, pa ćeš čuti kako zemlja huči od artiljerije. Kuju njome tamo na zapadu, kuju...

– Već mesec dana tako kuju. Za to vreme je kod nas umrlo nešto ljudi, nadovozili smo se kreča, cigle, cementa, šina, gvožđa i čega još nismo, nakopali smo se rovova, jama, sagradili smo pruge uskog koloseka – i šta? Sve smo gladniji i sve je hladnije. I sve češće pada kiša. Još je čoveka nekako držala nada da će se vratiti, ali sad – kome će? Možda negde takođe ovako kopaju jame, kao ovi naši ustanici. Ili ćeš večito patiti od nekakvih strahova, ili ćeš grabiti obema rukama, jer u šta da veruješ? Šta tu da pričam, ja od jutra mislim na jelo. I to ne na neke specijalitete o kojima se čita u romanima. Već samo da se sit najedem hleba i da ima dosta putera preko hleba.

– A ja ne mislim na to šta će biti – reče oštro diverzant – glavno je da se danas preživi. Hoću da se vratim ženi, deci, već sam se dosta naratovao po svetu. Sigurno će ti biti bolje nego sada, zar ne? A možda bi ovako hteo do kraja života – i nasmeja se podrugljivo.

– Maši, maši pijukom – rekoh opominjući – majstor stoji iznad rova, ne vidiš?

Praveći se da ga ne primećujemo, marljivo smo radili, tobož utonuli u razgovor. Izbacivao sam pune, valjane lopate na sam vrh nasipa, stenjući od napora.

Majstor Bač je malo postojao, stavivši ruke odostrag, pogledao, reklo bi se, s neke neizmerne visine i pošao lagano iznad rova, blistajući crnilom visokih čizama. Ivica vojničkog ogrtača bila mu je strašno uprljana blatom.

– Kapo, kapo – viknuo mi je, zaustavivši se iznad grupe ustanika – hodi-der ovamo! Zašto ovaj čovek leži na zemlji? Zašto ne radi?

Majstori su nazivali kapoima sve one koji su znali nemački. To je veoma zasmejavalo sve osvjenćimske logoraše, pa čak i revoltiralo, jer kapo je kapo.

Potrčah rovom. Iza okuke, na dnu rova, sedeo je zgrčen stari ustanik, onaj s blatnjavim, nekada elegantnim cipelama, i ječao stiskajući rukama stomak. Majstor je čučnuo iznad rova, brižno ali izdaleka zagledajući zatvorenika u lice.

– Je li bolestan? – upita.

U ruci je držao poveći paketić zavijen u novine.

Na jezivo bledom licu starog ustanika pojaviše se retke kaplje znoja. Oči su mu bile zatvorene. Kapci su mu svaki čas drhtali. Moralo mu je biti vruće, jer je raskopčao okovratnik. Slama mu je izvirivala iza pazuha i štrčala ispred lica.

– Pa šta je, stari, repa vam je izgleda naškodila? – upitao sam ga sa saosećanjem.

Njegov drug s pijukom, onaj s pokrivačem od ter--papira, pogledao me neprijateljski i reče smeteno majstor Baču:

– *Krank*. On je bolestan, bolestan – ponovo naglašavajući, u nadi da će majstor razumeti poljski. – *Hunger, verstehen?*[1]

– Pa da, to je sasvim jasno – odgovorih žurno – naždrao se repe i sad su ga spopali bolovi u stomaku. Tek što je došao u logor pa ne zna da zeleniš škodi.

---

[1] Gladan, razumete?

Protiv proždrljivosti i gladi ništa se ne može, gospodine majstore.
— Repa? S onog polja, a? O, to ništa ne valja. *Klauen*[1], zar ne? — Majstor Bač pokaza rukom međunarodni znak za diskretno stavljanje u džep.
— On to nije u stanju! — rekoh s prezrivim potcenjivanjem. — On svaki dan kupuje repu za hleb.

Majstor Bač klimnu glavom s razumevanjem, posmatrajući tužno ustanika iznad rova, kao s kraja drugog sveta. Drug starog, onaj s ter-papirom, pokrenu se nemirno.

— Recite mu, možda bi trebalo ovog čoveka odneti u logor, pa on je bolestan, teško bolestan.

— Teško bolestan? — rekoh s čuđenjem. — Onda ste malo stvari videli na svetu. Ima vremena do večeri. Zar ste vi dete, ne znate da sada nijedan stražar ne bi odavde pošao? Zar ste vi prvi put u komandu? I skinite taj ter-papir, jer će vas neko srediti. Već sam jednom govorio. Opet ćete kasnije da kažete da smo mi loši, da ne upozoravamo.

I vratio sam se svojoj lopati. Koristeći se time što je majstor bio zauzet nečim drugim, diverzant mirno čučnu u udubljenje, vešto se naslanjajući na pijuk. Kad sam uhvatio lopatu, izmileo je iz udubljenja i zauzeo položaj čoveka koji radi.

— Stari, zar ne? — upita nezainteresovano.

— Neće izgurati ni do večeri — odgovorih. — Video sam takvih na stotine. Otekle noge, durhfal, a sad se opet naždero repe. Vidim da mu se crno piše.

— Opet jedan manje... Nisam mu ja naredio da dođe. Mogli su da brane tu Varšavu kad su već počeli, zar ne?

---

[1] Zdipiti, maznuti.

– Sigurno da su mogli. Pa kad su putovali u Osvjenćim, niko ih nije čuvao. Mislili su da idu na rad. Sad su navalili na posao kao mutav na telefon.

Od ljutnje sam svalio čitavu grudvu zemlje na nasip da se savila drška od lopate.

– Šta se ti brineš za onog. Kad neko hoće da služi Nemcu, tako mu i treba – reče diverzant. – U Osvjenćimu su vikali da oni nisu politički, i svaki treći se hvalio da mu je ujak folksdojčer, ovde im je opet loše, jer daju malo za jelo. Stigli su pre šest nedelja i već bi hteli da dobiju po tri porcije čorbe!

– Jesi li danas pojeo više od porcije? – upitah zainteresovan. Jelo je bilo tema u trenucima kad smo bili naročito uzbuđeni.

– Ma šta sam pojeo – brecnu se bivši diverzant iz okoline Radoma. – Juče sam to pojeo. Ujutru porcija hleba i šta je ono bilo uz hleb?

– Margarin i sir – došapnuh mu.

– Margarin i sir. Celog dana ništa. A predveče smo prodali repu Jevrejinu. Bilo je pola kriške na dvojicu. A uveče još i čorba za tvoju metlu. A zatim sam dobio još čorbe u kuhinji, jer sam nosio kazane.

– Nisi mogao da dođeš do mene? – upitah sa žaljenjem.

– Ne, jer sam morao da pojedem u kuhinji. A danas – nastavio je dalje – kriška ujutru, kocka margarina na tridesetoricu, zatim nekoliko šljiva, zatim opet onaj hleb i malo repe. Da je još...

Prekinuo je i uhvatio pijuk. Iznad nas je stajao ćutljivi majstor Bač. Pogledao je s razumevanjem kako složno i vešto radimo i bacio nam paketić uvijen u novine. Kod naših nogu su se rasule korice od hleba.

– Upravo sam na to mislio – reče energično Romek.

I zamahnuvši podiže pijuk iznad glave, dobro vodeći računa da njime zablista iznad ivice rova, dok sam se ja usrdno pognuo prema zemlji.

BITKA KOD GRUNVALDA[1]

Po širokom, suncem obasjanom dvorištu bivše esesovske kasarne, kao po dnu dubokog bunara ukopanog u kamene zidove zgrada, potmulo, besno udarajući takt po betonu, išao je Bataljon i pevao. Njegove ruke u zelenim rukavima od nasleđenih esesovskih jakni energično su se dizale do pojasa i padale prema zemlji u gnevnom, složnom zamahu, kao da to nije marširao Bataljon već je koračao jedan umnogostručeni čovek, pouzdan u svoju snagu i promukao od pesme.

Bataljon, iz ptičje perspektive sličan trima zelenim gusenicama, s prugastim, naboranim leđima i nepomičnim turpom, kruto je obišao dvorište, pritešnjen sunčanim stubom; prošao je pored kolone ogromnih američkih kamiona, koji su istresali iz sebe, kao iz vreće s prnjama, šarenu gomilu ljudi i prtljaga, revnosnije je udario po betonu ispod vitkog, sveže obojenog jarbola pošto je vetar nabacivao na njega kao na udicu obojeno nacionalno platno; usporio je kod gomile balvana s kojih su opadale iglice mladih borova, kod klupa i stolica pripremljenih za večernju logorsku vatru; oštro je skrenuo kod nekada zastakljene sa-

---

[1] Udružena poljska, litvanska i ruska vojska, pod vođstvom kralja Vladislava Jagjela, nanela je 1470. kod Grunvalda odlučujući poraz nemačkim tevtosnkim riterima-krstašima i zaustavila njihovo nadiranje prema Poljskoj i Litvaniji. – *Prim. prev.*

le, u kojoj su se donedavna održavai esesovski mitinzi, zaškripao mnoštvom svojih nogu po staklu potpuno razbijenih prozora, prekinuo pesmu u pola reči i uvukao se kao u tunel u mračnu čeljust sale, odeljenu od dvorišta oštrim sunčanim bleskom i mesnatim, pocrnelim zelenilom sveže podsečenih grana. Zmijoliki trag prašine zaslepljujuće bele boje, koji se vukao iza Bataljona, savio se kod ulaza u salu, pao na zemlju i razduvan slučajnim zamahom vetra nabujao je, pukao, uzneo se u vazduh i rasplinuo u njemu bez traga.

Sedeći s kolenom na podbratku, na uskoj, tvrdoj prozorskoj dasci, na trećem spratu jednog zida u dvorišnom delu zgrade i grejući se gô na suncu kao šugavi pas – sanjivo sa se protegnuo, značajno zevnuo i odložio knjigu za koju sam se snašao u nekoj oficirskoj sobi, priču o herojskim, veselim i hvale vrednim dogodovštinama Tola Ojlenšpigela i:

– Gospodo vojnici – rekoh okrećući se prema sali da bih opet izložio leđa suncu. – Bataljon je odmarširao u crkvu na nadbiskupsku misu. Dobro ste izvršili svoju dužnost prema Otadžbini, koja je na svetu uvek tamo gde ste i vi. Možete spavati dalje.

Sala je jednostavno, kao što je to kod vojnika, smrdela na zapušteni, slani znoj neopranih genitalija. Kod neokrečenih zidova ukrašenih religiozno-patriotskim hitlerovskim sentencama stajala su dva niza gvozdenih kreveta na sprat; na sredini su bili postavljeni grubo tesani stolovi, a ispod njihovih nogu povlačilo se nekoliko hoklica i potucala se, bespomoćno kao izgubljeno dete, emajlirana pljuvaonica. U vazduhu su tanko zujale podgojene, lenje muve i teško disali pospani ljudi.

– A kako su marširali? Kao vojska? Jer se na vežbama vuku kao „muzelmani" po blatu – odazva se podoficir Kolka, koji je spavao kraj zida, prema vratima.

Ogroman i žilav, nije se mogao smestiti u malom krevetu. Iako se prilikom raspodele nemačkih kaputa posvađao s oficirom i odlučio da bojkotuje vojsku, nikad nije skidao suknenu uniformu; ležao je u njoj ceo dan na krevetu, gušio se od vrućine i udarao potkovanim cipelama o gvozdeni naslon, prosipajući prilikom svakog pokreta gomilu sena iz protrunule slamarice na donji krevet, to jest ležaj na kome sam spavao. Svoje iskrastano lice neprestano je okretao prema prozoru i gledajući tupo u donji deo prozora s požudom se predavao slušanju pesme i topota Bataljona...

– Poljska pešadija dobro marširа kad je predvode poljski oficiri za slavu Otadžbine – uzviknuo sam skačući s prozorske daske. Leđa su mi se tako zagrejala kao da ih je neko strugao usijanim iglama. – Šest godina su u logoru išli po petorica u jednom redu, a sad su se odmarali dva meseca i opet idu, hvala Bogu i Otadžbini, po četvorica, a umesto kapoa – oficiri su na čelu. Znaju oni da vojnike uče da marširaju, ali da spreče kuvare da ne kradu klopu za Jevrejke – to ne znaju – dodao sam gledajući ravnodušno u prozor.

– To ti na mene pokazuješ prstom, ako sam dobro razumeo – zareža grubo zastavnik, koji je čitao nemačku knjigu o Katinu i skinuvši rožnate naočari s nosa, poče da mi žmirka pospanim očima kratkovidog čoveka. Uporno je hodao u tesnim, veoma čistim gaćicama, blistajući mišićavim čvorovima svog tela. Od glave do pete bio je pokriven izbledelim tetoviranim šarama kao prašnjav glineni tanjirić. Na desnoj butini uspinjala se prema preponi debela, krivo iscrtana strela, a crveni natpis je nepogrešivo pokazivao: „Samo za dame".

– Ako je neko dežuran u kuhinji, onda neka pazi da ne kradu. Zastavnik gleda da li kuvar stiže za Jevrejke da diže – dobaci s vrata Stefan, koji je učio engleski i ponavljao šapatom reči. Bacio je knjigu na sto i lupajući cokulama o kameni pod prišao prozoru. – Opet kučkini sinovi kuvaju na uglju – reče proturivši glavu kroz prozor. – Ako imaju električnu kuhinju, kazane i sve što im treba za nas, zašto kuvaju u kuhinjici? Naravno, ručak za oficire. Tobož svi smo mučenici iz logora, braća, drugovi, ali za marš na misu, a ne i za lonac. A kako ti se sviđa kontrolor koji zna za to i čita knjige sa sličicama? Kad bi se uvukao pukovniku u zadnjicu, ne bi izišao dok ne bi dobio za potporučnika.

Prsnuo sam u kratak pohvalni smeh. Zastavnik se podiže na krevetu, udari glavom o oštru ivicu gornjeg kreveta, gadno opsova s glagolom, pogladi se po retkoj i oštroj sedoj kosi i reče s gađenjem:

– Ne kači se za mene, ti boljševički izrode, kad se ja za tebe ne kačim. A ako ti se nešto ne sviđa, marš iz vojske. – Bradavice na grudima ukrašene parom istetoviranih ušiju, i modrim tačkama koje su imitirale oči, grčevito mu zadrhtaše kao njuškica u zeca. – Kradu, kradu! Ne laj ako nisi uhvatio. Dobar pas ne laje, već hvata i grize.

– Dabome, dabome, grizite, gospodine zastavniče. Vi ste onaj što hvata, Pukovnik vas drži na povocu. – Av, av – zalaja promuklo Stefan i zažmiri pakosno sitnim, buljavim očicama. Iza nervozno iskrivljenih usana zacakliše se zubi, ravni i beli kao u psa. Išao je duž stolova sav istegnut, kao pas privezan za kućicu.

Zastavnik se lagano diže iz kreveta. Kolka, potomak oficirske škole, pokrenu se zainteresovan onim što se događa i izvuče pesnice ispod glave. Slamarica

zašušta i slama se osu na donji krevet. Namrštih obrve s neodobravanjem.
　U dvorištu zabrekta kamion koji je odlazio. Odjednom doleteše odlomci škripave huke i zamreše kao da si ih nožem presekao.
　Istovremeno se bolesni Ciganin, koga umalo nisam umlatio u borbi za bolje mesto u vagonu za vreme transporta u Dahau, podstaknut naglom tišinom, podiže s jaukom na svom krevetu.
　– O, ljudi, nespokojni ljudi, opet biste se tukli – zacvile šmrcajući plačljivo nosom. – Zar vam je malo što vas bije beda? Ali naš Poljak, naš brat je uvek glup. Hoće da popije svog brata u kašičici vode. – I prislonio je modro, izmršavelo lice uz jastuk sa crvenim cvetovima bulki, koji je doneo s noćnog pohoda na nemačke bauere. Patio je već nekoliko dana od teškog gastritisa. Naždrao se nekuvane ovčetine. Ležao je nepomično, trpeći kao bolesna životinja. Više je voleo da crkne nego da ode u bolnicu, jer se sećao bolnice iz malog koncentracionog logora Dautmergen.
　Zastavnik kruto sede na krevet. Podavio je pedantno ivicu čaršava koja je štrčala, a to je bio jedini čaršav u sali. Nervozno je micao nožnim prstima. Dohvatio je knjigu, prelistao je šušteći nekoliko stranica i tupo se zagledao u fotografije grobova u Katinskoj šumi.
　„Neće biti gužve" – pomislio sam razočaran i nagnuo se kroz prozor.
　Kod kamenih zidova kasarne, na uskim pojasevima zelenila, između rasturenih gomila trulog đubreta, koje su svojim smradom kužile celo dvorište, puzali su uvis anemični, mali klenovi i gusto se širila odmah iznad betona crvena živica u cvetu. Gore iznad drveća i živice, u nizu dvojnih prozora visili su na kanapi-

ma komadi raznobojnog rublja i vrteli se na konopcima sveže obojeni drveni koferi, izloženi suncu da se osuše.

U parteru, tamo gde su stanovali prominenti, protezao se red ravno zastakljenih venecijanskih prozora, koji je dole tonuo u duboku senku, a gore – u sunce kao u zlatnu farbu. Iz partera, sa spratova, sve negde do tavana neumorno su krčali radio-aparati.

Iza kapije, koju su čuvali strani vojnici, protezala se autostratom kolona automobila, neprestano je tekao uski potočić bicikala, šarene letnje haljine treperile su među bujnim platnima, duboko ukopanim u zemlju.

Upravo je tamo bio svet u koji su puštali za dobro marširanje, za prijavu prekršaja, za čišćenje hodnika, za lojalnost, za nepokolebljivost, a i za Otadžbinu.

A u srednjem krilu zgrade, na drugom spratu, tamo gde su bile kuhinje Vojne grupacije logora Alah, iz male, mrko zarđale cevi, nonšalantno proturene kroz prozorčić za provetravanje, izvijao se tiho plavi delikatni dim i drhteći kao tanušna linijica raspršivao se krišom u vazduhu.

– Lepo je, braćo, na svetu – uzdahnuo sam s nameštenom tugom – ali šta ćeš, čoveče: sediš zatvoren kao pod Nemcima, ne daju ti propusnice za svet, jer ne umeš da se ulizuješ, kroz rupu u zidu ne možeš izaći, jer će te ubiti, stvar je jasna – heftling! A kako da sediš? Ako nekome sin donese ovna ili dovede Nemicu, on može da sedi. A ti? Sedi, iako si gladan i kuća ti je daleko. Da makar ne kradu! Bilo bi lakše da je svima ista sudbina... Ali krčag ide na vodu... Sve vreme sam gledao zastavnika ispod spuštenih trepavica. Zastavnik se nemirno pokrenuo na krevetu, usta su mu zloslutno zadrhtala. Ali nije rekao ništa. Izvukao je iz ormarića uniformu i počeo da se oblači, dahćući lagano kroz nos. Stisnuo je zube i gledao u zemlju.

– Vi ste, gospodine zastavniče, sigurno krenuli na grunvaldsku misu? – upita ravnodušno Kolka s drugog kraja sale.

– Ne, gospodine. Idem u kuhinju da proverim. Ali ako ne nađem... – progunđa zloslutno kroz stisnute zube.

– Naći ćeš, gospodine zastavniče, naći ćeš – zapevuši Stefan. – Pazi samo da ti sina ne uhvate, jer ko će ti dati da jedeš? Pukovnik neće doneti ovde.

– A ti, Tađo – pitomac Kolka prebaci nogu preko naslona stolice – ne ideš na Grunvald?

– Ne ide mi se. Možda ću poći u pozorište. Navodno spremaju neka iznenađenja za logorsku vatru. A šta ima zanimljivog na misi?

– Idi na misu – nagovarao je lenjo Kolka. Metnuo je ruke u džepove pantalona i češao se s interesovanjem. – Idi na misu, posle bi meni ispričao, napisao bi gospodinu uredniku za novine. Možda će ti dati gulaš? Gulaš je danas za ručak.

– Daće i bez toga. Svaki dan mi daje čorbe.

– Pogledao bi devojku... A zar ne bi želeo da vidiš Nadbiskupa?

– A šta ima zajedničkog među nama? – raširio sam ruke sa emfazom. – Imamo tako različita životna iskustva! On je ceo rat proveo negde u velikom svetu, to je, znaš, herojstvo i Otadžbina, i malo Boga. A mi smo živeli negde drugde, a to su repa, stenice i flegmone. On je sigurno sit, a ja sam gladan. On na današnju svečanost gleda s aspekta Poljske – a ja s aspekta gulaša i sutrašnje posne čorbe. Njegovi gestovi su meni nerazumljivi, a moji su previše obični za njega, i obojica pomalo preziremo jedan drugog. A *Grunvald?* A zar mi je loše ovde na prozoru: sunce peče, muva zazuji, lepo se ispričaš sa susedima – poklonio sam se zastavniku – a sve se vidi kao u pozorištu. Uostalom – dodao sam konkretno – još ga nema. Tek generalitet dostojanstveno i u borbenom poretku stiže na svetu misu, a iznad generaliteta uzdiže se dim i miris ručka koji se za njih priprema.

Na čelu se kretao Pukovnik, u uniformi koju su skrojili mesni krojači prema engleskoj modi od ćebeta boje uvelog lišća. Viđen u veoma skraćenom obliku, Pukovnik je bio sličan masivnom panju, glave izglačane od sunca i krutih nogu, kretao se, naime, dostojanstveno i pravo i s naporom je markirao vojnički, energičan korak. Pored njega je išao Major, obavijen devičanskim zelenilom nemačke oficirske uniforme. Mlatarao je rukama prema Pukovniku, očigledno objašnjavajući mu nešto kao propovednik, možda o prevratničkom previranju u Vojnoj grupaciji logora Alah. Iza njih, kao gomila nestašne dece iza učitelja, vrzmalo se nebrojeno stado zelenih i crnih jakni, ruku što su gestikulirale, iznad kojih su poskakivale lepe glave u vojničkim kapama, obilno okićene nacionalnim bojama.

– Što Nemci nisu stigli da ih pobiju! – Stefan se zamišljeno oslonio na dasku od prozora i gledao ljutito u dvorište. Crna, nakostrešena kosa blistala se kao pseće krzno. – Ostaće takvi do kraja sveta. Poljska, Poljska, za Poljsku. Samo dalje od nje, da imam dve porcije čorbe! Koliko sam bio glup, koliko glup, glup! – odmakao se od prozora i poljosnatim dlanom lupio se po čelu. – Pa video si sam, držao sam taj ološ u bloku, izlagao se opasnosti zbog njih, krao hranu od glupih Cigana.

– Nemoj da se hvališ, starešino bloka – prekide ga oštro pitomac Kolka, pa se Stefan okrenuo prema sa-

li – ipak smo bili u jednom logoru. Ako si krao, krao si za sebe puter i hleb, a za njih, eventualno, čorbu.
– A ko im je dao mesto u bloku? Čiste bukse, čistu ćebad, napunjene slamarice? Zar je to malo? Da li bi preživeli u komandu?
– Pročistio bi se vazduh da su crkli – dobacih veselo, gledajući zabavljen kako se Stefan, bivši kolega, flager iz Birkenaua, zatim laufer i esesovski pipel u malom komandu, od koga sam jednom dobio ovlaš po labrnji zato što mu se nisam dovoljno brzo uklonio s puta, najzad starešina bloka u najbogatijem šonungsbloku, iz kojeg su čorbe u kazanima i desetine hlebova putovali u logor u potrazi za cigaretama, voćem i mesom za starešinu bloka, kako se takav Stefan danas hvališe da je spasao život nekolicini poljskih oficira iz ustanka, koji danas neće da mu daju da se sit najede hleba na ime revanša.
– A sećaš se kako se u Alahu držao Pukovnik? Doneli su mu mlin za kafu, isprosjačio je od nekog malo pšenice, seo na pričnu i – ništa drugo ne radi, samo se prihvatio mlina i pečenja lepinja. Ovde se razumeš, svet ruši, esesovska artiljerija u logoru, neke žene su se opekle, unaokolo gore sela, momci pošli u pljačku naoružani noževima, Amerikanci dolaze, oduševljenje, bratimljenje naroda, kraj rata! A on – mlin, lepinje i trči u nužnik. I već se napravio tako važan kao...

Podigoh obe ruke uvis. Stefan ućuta zbunjen. Koristeći priliku počeh da recitujem patetično:

> Utvrđuju se hijerarhije,
> brat poznaje najzad brata.
> Vrti mlinčić meljuć' kafu
> naš Pukovnik, gosn' Kurjata.
>
> Drugi zdelu čorbe dobi,
> što mu dade snagu mladu.

Ja, ja već mogu poć' u službu,
Nek mi samo jesti dadu.

Pukovniče, oštro delji!
Pukovniče, brašno melji!
Nek se klin izbija klinom,
daćemo ti puk s kasinom,

za dobitak svake bitke
biće čorbe – četir' litre!

– Tako je bilo, imaš pravo, Stefane – pohvalih ga. – To je moja pesma, gospodine zastavniče. Dobra je, a?
Zastavnik je već bio sav nalickan. Ošinuo me je mirnim pogledom.
– Čudim se vama, intelektualcu – reče s gorčinom. – U ovakvo vreme takve gluposti... Kad je naređenje da se držimo zajedno i da ne dižemo bunu! Bundžijsko ponašanje je pogubno za nas! Zbog njega stradamo!
– U Katinu, a? U Katinu? Žao vam je, gospodine zastavniče? – zareža zlobno Stefan, stajući ispred zastavnika. – Knjiga ste se načitali, gospodine zastavniče, knjiga, okrepili se čorbom, ispipali Švabicu, pa sad pozivate na slogu... U Katinu, a?
– Sigurno u Katinu, kopilanu jedan! Znaš li ti šta to znači? To su tvoji dragi zemljaci sa Istoka, to je tvoja Poljska, gade odvratni! – prasnu odjednom zastavnik i priđe stolu. Zario je koščate prste u crnu ravan stola da mu nokti nabrekoše krvlju.
– A šta, ne sviđa vam se Poljska, ne sviđa, zar ne? Hteli biste neku drugu. Da zastavu nosite u njoj, zastavu? Da bi sinčić mogao noću da ide po jaganjce i dovlači cure? Znate vi da stvarate Poljsku, da mi se od toga povraća!

– Idi ti toj svojoj Poljskoj, idi! – prosikta zastavnik kroz zube. Pobeleli prsti počeše da mu drhte. – Niko te tu ne drži. Špijune!

– Ne bojte se, otići ću – zapeva tiho Stefan – imam vremena. Samo ću još malo da vas gledam, da zapamtim. Otići ću i čekaću vas, o, čekaću.

Pitomac Kolka sede teško na krevet i obesi noge, prosipajući na moj ležaj hrpu đubreta. Mahnu mi veselo rukom, nekoliko puta se kucnu u slepoočnice, kriveći glavu kao idiot. Crni Ciganin bolno jauknu na jastuku s crvenim bulkama. Osmehnuh se Kolki i umesto odgovora zanjihao sam glavom, kao da sam pokušavao da utvrdim da li u njoj klokoće voda.

– Idi u tu Poljsku, tim Poljacima što su napravili Katin, idi! – vikao je zastavnik, sav crven od besa.

Zastavnik trgnu sto, prevrnu ga s treskom i ščepa Stefana za grlo.

U zastakljenoj sali, okićenoj sveže odsečenim grančicama, zvonko se začu zvonce; gomila skupljena ispred sale pohrli unutra, a istovremeno kroz paradna vrata komandature, obilato ukrašena crvenom i belom bojom, uđe sveštenik u ljubičastoj odori i okružen tesnim krugom crnih i zelenih sveštenika, uputi se u salu.

– Ej, mir tamo! – ciknuh i potrčah da pomognem Kolki da razdvoji zavađene. – Ne tucite se, kučkini sinovi! Nadbiskup ide na svetu misu!

II

Nadbiskup se okrenuo od oltara. U njegovom podnožju blistale su iznad naslona stolica sede oficirske glave. Među oficirima sedeo je u prvom redu, nepomičan kao spomenik, Predsednik Komiteta. Ogromna, bikovska glava, kratko podšišana, izlazila je iz novog okovratnika *a là Slovacki* i ozbiljno stremila prema oltaru. Dalje, prožet Pukovnikom, Glumac je pozirao na stolici. Osećao se nelagodno u ukradenom civilnom odelu, prevelikom i suviše krutom, nemirno se vrpoljio i ispitivački svetlucao naočarima prema gledaocima, oklmbesivši pritom svoje mesnate obraze. Malo dalje, u jarkocrvenoj haljini, širi se na mrkom plišu fotelje Pevačica, o kojoj su se širile spletke da ju je za vreme gladovanja, pred kraj rata, imao ceo Dahau. Sada je (spletke su se širile dalje) ima Glumac. Na krilu joj je ležao kartonski američki šlem. *First Lieutenant*[1], pravi komandant logora, prekrstivši nogu preko noge, ravnodušno je žvakao gumu i blistajući egzotično briljantinom, tupo gledao u butine Pevačice.

Iza stolice tesno se zbila gomila, načičkala se na prozorima sale, zagledala se pobožno u brezov krst isečen od hartije, u orlove prikačene na velike nacionalne zastave sašivene od čaršava, u otvorena vrata, u kojim se njihao bršljan i podrhtavalo vedro nebo, zagledala se i ćutala. Pored klupa stajao je nepomično Bataljon.

– Kad pročitaš *Ojlenšpigela,* daj mi ga. – prošaputao je Urednik. – Hoćeš li doći kod nas na gulaš? Jer mi rano idemo u pozorište – kleknuo je na jedno koleno i udario se pesnicom u grudi.

– Doći ću – uverio sam ga sa žarom, padajući na zemlju.

Nadbiskup pogleda gomilu kod podnožja oltara i neznatno klimnu glavom. Sveštenik iz Dahaua, koji je pasivno stajao kraj fotelje, živo poskoči i stavi mu mitru na glavu. Nestrpljivim pokretom nadbiskup ju je popravio (očigledno ga je žuljala) i tek tad nas je

---

[1] Poručnik.

blagoslovio, bespomoćno šireći ruke. Iznad usrdno pognutih glava preleteo je slab šapat molitve.

S druge strane betonskog dvorišta, na veoma uzanom deliću zelenila ispod anemičnih platana, razmeštao se transport istovaren iz američkih kamiona. Skver su zakrčili posteljama na koje su odmah sele dojilje, drekava crna deca, koja su se onesvešćivala od vrućine, prema svemu ravnodušne devojke, kroz čije se haljine providelo telo. Muškarci u košuljama mokrim od znoja stajali su budno pored zavežljaja, tumarali odo zgrade, zagledali su radoznalo salu, a oni energičniji pošli su da razgledaju prostorije u koje je trebalo da se smesti transport.

– Aha, pesnik. Niste na misi? Pobegli ste od nacionalnog i božanstvenog misterijuma? Ne gradite temelje nacionalne zastave satkane iz duha palih i drugih?

Na gomili kofera, jastuka i jorgana povezanih kanapom sedela je devojka neobičnih očiju. Umesto krstića na njenom vratu se klatila čudnovata, duguljasta kapsulica slična maloj pištaljci. Ispod batistane suknje ocrtavale su se snažne, jedre butine. Lepe noge su meko klizile po perini. Ispod njih, opkoračivši visokim čizmama kofer, sedeo je kao gospodar Profesor i ironično mi se smeškao iza naočara kao iz šanca. Morao je primetiti da su mi vilice zadrhtale od požude.

– Izdržao sam biološki. Sad udaram temelje za put u Poljsku. Iz duhovne letargije ulazim u živo telo naroda – odgovorih izvrdavajući. Obojica se nasmejasmo. Citirali smo najefektnije odlomke iz šapirografisanog pronografsko-patriotskog logorskog lista, koji su izdavali sveštenici.

– Ova gospođa je – Profesor je pokazao rukom uvis, dodirujući nehotice devojčine noge – upravo pobegla živom telu svog naroda. Ceo transport je stigao iz Plzenja. Ilegalno su prešli poljsku granicu.

Pronicljivo sam podigao obrve. Devojka je zablistala zubima u znak odgovora. Popravila se na perini. Bujne grudi zanjihaše se ispod bluze.

– Od šumskih bandi? – dosetih se. Odlazeći na ovčetinu po drugim sobama, slušao sam varšavski radio. Između jedne i druge emisije posvećene onima koji su tražili svoje porodice, stalno su se žalili na šumske bande.

– Naprotiv. Od naših. Ona je Jevrejka. Pobegli su. Kao krave koje traže bolji pašnjak. Upali su kod nas kao u zabranjeno žito. A ovde je ugar, gospođice! – nagnuo se nazad, udario ju je po kolenu i sasvim otvoreno prešao rukom po nožnom listu devojke.

Pružio sam devojci ruku. Spustila je trepavice, možda od sunca koje se za tren upalilo u njenim očima.

– Nemojte ga slušati. To je gorčina krave koja nije našla bolji pašnjak iako je obišla pola sveta.

– Mi smo iz iste kuće – reče devojka – iz geta – osmehnula se kao da se izvinjava – i opet smo se sreli u istoj kući – obuhvatila je rukom kamenje kasarnske zgrade – u esesovskoj kući.

– Kao da rata nije ni bilo – dodade zajedljivo Profesor i zadovoljan sobom, glasno se nasmeja. Protrljao je naborane ruke i pljesnuo se po kožnim bavarskim „špilhoznama", umrljanim kao mesarska kecelja. – Imajte na umu krave, nesuđeni pesniče – dobaci i zagleda se u svoja maljava kolena.

– Da traže novi pašnjak? – upita iznad perina devojka. Vrškom prstiju dodirnula je njegovu kosu. Stisnuh ironično usne, hvatajući njen kosi pogled.

– Ne – odgovori mrzovoljno Profesor. – Da imaju svoj sopstveni pašnjak. I da ne budu ambasadori svog stada na tuđim livadama.

– A gde je naša livada?

– U Palestini. U zatvoru Ako kod Jerusalima. Ležao sam tamo pola godine zbog ilegalne emigracije. Za vreme rata, ha, ha, ha – prsnuo je u gorki smeh, ustao i bez reči pošao preko betonskog dvorišta u salu. Kuljali su iz nje ljudi posle završenog bogosluženja, ispunjavajući bukom dvorište kao zdelu. Mnoštvo kasarnske elite, koja je, žagoreći, tesno okruživala Nadbiskupa, krenu prema Komandanturi i nestade u vratima Poručnikovog stana, koji se nalazio u parteru.

– Eto to je živo asketsko telo naroda. Poljska imela na nemačkom hrastu. – S prezrenjem sam mahnuo rukom prema dvorištu. – Ali ipak snaga. Jer mi se borimo za ideju! A šta ima novo u toj vašoj – Poljskoj?

Nisam odlazio, grube suknene pantalone nesnosno su me škakljale po butinama. Devojka je meko skliznula sa perina i spustila se na zemlju, otirući se kao mačka telom o moje telo. Njene prevelike grudi ponovo se zanjihaše ispod bluze.

– Vi mislite da sam ja neki jadni putnik koji je sišao iz tramvaja, u kome polovina sedi, dok se druga polovina trese. Da je to zbog krune na orlu? Pa vi znate poljske viceve? Ne radi se uopšte o tome! – viknula je besno. – Uopšte nije zbog toga!

Uhvatila je energično kofer. Kada se sagnula, njene butine sevnuše ispod ružičaste haljine. Transport grozničavom brzinom poče da unosi pakete u kasarne. Dohvatih dva zavežljaja i muški udarajući cipelama o beton potrčah uz stepenice. Sve vreme sam gledao u vrat devojke, koja je, natovarena posteljinom, trupkala ispred mene. Neke njene tetke ili starateljke kreštale su na nju, hvatale drhtavim rukama posteljinu i pokazivale put.

Istovarili smo teret u salu u parteru i trčali ponovo po kofere, uzvikujući veselo i psujući u bradu. U prolazu sam se ponovo očešao o devojku i uhvatio njen veseli pogled.

U sali, koja je trebalo da bude zauzeta nekoliko sati, muškarci se prihvatiše napola izvaljenih vrata, krčeći put prema razbijenom prozoru i rastrganim, nagomilanim pričnama. U mračnoj kao podrum prostoriji podigla se do tavanice debela prašina i gušila u grlu. Skupljalo se smeće i izbacivalo kroz prozor hodnika na glave ljudi smeštenih u zadnjem delu kasarni, koji su ne vodeći računa ni o *Grunvaldu,* ni o svežem julskom danu, ni o kaznama predviđenim pravilnikom, sedeli u grupama kraj nebrojenih vatri što su ih naložili od nekoliko debelih cepki otkinutih od prični i stolova. Prčkali su u šerpama, porcijama, garavim praznim konzervama i u zaplenjenim aluminijumskim loncima jela svakojake vrste: ovčetinu opljačkanu iz stada poslednje noći uoči *Grunvalda,* kafu, čorbe, kompote, pekli na zarđalim, usijanim plotnama lepinje od krompira i mešali drvenim lopaticama po kipućim bućkurišima svih mogućih boja, duvajući vredno u vatru. Dim je, kao gusta, prljava pavlaka koja vri, klokotao odozdo, nadimao se, izdizao lenjo iznad zemlje, presipao se preko okrnjenog zida na obližnju livadu, brisao konture daleke, pljosnate šume koja je ležala na horizontu i obavijao kao kremom kupolaste platane kraj autostrade. Miris sirove hrane koja se kuvala, pomešane s dimom, oštro je grizao nozdrve, od čega se grčio želudac. Odozdo, ispod dima, kao sa dna lonca, dopirao je klokot od uzvika i psovki gladnih ljudi koji su sebi kuvali jelo. Odvojio sam devojku od prozora i povukao je u belu umivaonicu obloženu kaljevim pločicama, koja je, zagađena ostacima hrane i izmetom, smrdela na nužnik.

– Tako vi živite – reče s prezirom Jevrejka, podmetnuvši ruke pod mlaz vode. – Napred *Grunvald,* a pozadi prčkanje. Ja tu ni dan ne bih izdržala. Ah, ne bih izdržala!

– Privikli biste se – odgovorih uvređen. – To je još karantin. To nije ni koncentracioni logor, ni sloboda. Ali biće bolje, slobodnije! Mi smo velika snaga! Moralna! – silno sam se uzbudio. – Ali – smirio sam se – ljudima se jede. Čovek mora jesti, mora imati žene. Toliko godina su ljudi bili gladni! Toliko godina su čeznuli za trenutkom kad će se najesti hleba, kad će imati prvu ženu! To su osnovne stvari. Tome ni *Grunvald* neće pomoći.

Otresla je s ruku nesnosne kapljice. Obrisala je ruke krajičkom suknje. Sevnula je butinama. Izašli smo u hodnik. Automatska vrata zatvoriše se tiho za nama. Nisu ih još pokvarili.

– I posle toliko godina logora niste poželeli da izađete izvan ovih zidova? – Posmatrala me je ispitivački kao osobitu rasu psa ili mačke. – Ne govorim o hlebu, niti – kroz glas joj se provukao blag akcenat ironije – o ženi. Ali da jednostavno pođete u šumu?

– Bojao sam se – priznao sam iskreno – jer nas nadziru. Preživeti toliko godina i poginuti posle rata, ne, to je previše groteskno. Čovek sebe dvostruko ceni.

– Bojali ste se! – pljesnula je dlanovima – ah, bojali ste se!

– A šta je vas privuklo na... tuđe livade, ako ne strah? Pobegli ste od te Otadžbine? Fatamorgana Zapada! – Pokazao sam rukom razbijen prozor u kome se klupčao dim. – Svi se bojimo otkad je nastao mir.

Devojka se nasmeja podrugljivo. Išli smo hodnikom, duž prozora koji su gledali u šumu.

– Uopšte nije strah! Pobegla sam od ljubavi. Smešno, ah, kako je smešno!

Zategao sam zarozane pantalone i prekrstio gole ruke na grudima. Stideo sam se bubuljica koje su virile ispod majice, ali dotad nisam uspeo da ukradem košulju s okovratnikom.

– Šest godina sam bila katolkinja, Poljakinja, naučila sam svakojake zapovesti, redovno sam odlazila na mise i na ispovesti. Pre nego što je poginula u Treblinki, majka mi je dala molitvenik. Još i danas mi je pred očima posveta: „Drajoj kćerki Janjinki, na dan njene Prve pričesti, Mamica". Zvala sam se drukčije. Pa ja ne ličim na Jevrejku – rekla je s izvesnim ponosom, tražeći očima potvrdu u mojim očima.

U stvari, nije ličila na Jevrejku. Imala je svetlu, meku kao paperje kosu i široko, malo pljosnato lice. Samo tamne, duboke oči nemirno su svetlucale, kao opal.

– Pa vi ste Arijevka – rekoh pohvalno. Njene oči zasijaše od zahvalnosti. – To je strah. A gde je ljubav?

– Postoji i ljubav, jer sam se zaljubila. U katolika. Bio je komunista i nije voleo Jevreje – potužila se naivno. – Jako me je voleo. Nisam mogla da ga lažem. Je li da nisam mogla?

Dugo sam joj ćutke gledao u oči s pritvornim saosećanjem.

– Otišao je u vojsku čim su Nemci otišli. To je, uzgred rečeno, bilo u Sjedlcu. Napisala sam mu pismo na vojnu poštu i pobegla. To je vrlo lako, ah, kako je lako!

– Ne čekajući odgovor? – začudio sam se.

Zacrvenela se kao breskva i zagrizla usne.

– Bojala sam se da će napisati... – Prekinula je – On je bio kao endekovac[1]. A ja... doista više nisam

---

[1] Član Narodne Demokratije, nacionalističke stranke levičarske orijentacije u predratnoj Poljskoj. – *Prim. prev.*

mogla! Nisam htela! Više sam volela da me zovu haimkom, da me se Poljaci klone!

Nekoliko muškaraca je protrčalo gurnuvši nas i nestalo iza ugla hodnika. Negde iz dvorišta čuli su se uzbuđeni uzvici.

Uhvatih je za ruku. Beše topla i meka kao mačja dlaka. Dim iz prozora prodirao je u hodnik i rasprostirao se po tavanici u vidu tračaka sličnih paučini.

– Dobro to razumem – odgovorih banalno, savladavši s mukom drhtanje vilice. – Vi ste vrlo hrabri. To je hrabrost straha. I ja bih hteo da budem takav. – I ispalih u jednom dahu: – Da li biste u šetnju, ali, onako, izvan logora? Tamo navodno borovi plivaju u mirisima leta, a još nikada nisam bio. Poludeću od čežnje za prostorom i poći ću pešice na zapad ili na istok. Žao mi je samo da ostavim knjige koje sam skupio. Ali s vama – stisnuh je intimno za ruku – ne bih otišao daleko. Bez brige.

Življe sam zalupao cipelama i jednom rukom pritegao pantalone. Suvo, oštro sukno peklo je kao kopriva. U hodniku su zvečali kazani. Bližilo se vreme ručku. Želudac je tištao kao bolesni zub. Iz dvorišta je dopirala vika. Opet su hodnikom protrčali ljudi i upali na ulazna vrata. Nešto se tamo moralo dešavati.

– Sutra odlazimo dalje – reče devojka oslobađajući ruku. – Ko zna kuda? Jedan dan u jednom logoru, drugi dan u drugom... I odjednom reče skoro šapatom: – Panično se bojim toga da ću poći u Palestinu. Šta ja imam zajedničkog s Jevrejima? Biti kao osoba, privatno Jevrejka – da! Ali živeti u jevrejskom selu, musti krave, pipati jevrejske kokoške, udati se za Jevrejina? Ne, ne! – viknula je, kao da sam je na to nagovarao. – Možda ću pobeći na studije. Ali bilo kako bilo, nikad se nećemo sresti. A šteta. Možda bih mogla da se zaljubim u vas. – Osmehnula se zabavljena izrazom mojih očiju. – Jer vi umete da slušate. Kao i Romek. To je onaj iz Sjedlca – objasnila je kratko.

Dohvatio sam je za lakat i grubo je okrenuo prema sebi. Skoro me je dodirivala svojim prevelikim grudima. Talas krvi zapljusnuo mi je telo.

– Nikada se nećemo sresti – prenemagala se, a kutići njenih usana su drhtali – ali – spustila je glas – utoliko bolje.

A kad sam je, mrzovoljan, pustio, uvukla mi se pod ruku.

– A kad hoćete da idete u tu... šetnju?

– Posle ručka, slažete se? – prošaptah sa uzbuđenjem. – Biće lakše prilikom smene straže. Otići ćemo.

Opet je nekoliko ljudi protrčalo hodnikom. Poslednji se okrenuo, mahnuo nam pozivajući nas i viknuo zadihan:

– Hodite da vidite! Akcija pacifikacije je u toku! Vojska s puškama! Revolucija! – i zatoptao je stepenicama.

Ne odgovorivši mi, devojka jurnu prema vratima. Potrčah za njom. Sjatili smo se napolju. Kod vrata se lelujala gomila. Sredinom dvorišta povlačio se talas ljudi, rasplinjavajući se sa žagorom na obe strane ispred džipova koji su se kretali lagano poput čamaca i u kojima su stajali vojnici, Amerikanci, preteći puškama. Odjednom iz prvog auta odjeknu pucanj. Gomila zaleprša kao jato uplašenih pataka, odgovori neprijateljskim uzvicima i ućuta, utrčavajući u kasarnski kokošarnik. Odjednom se svi prozori ispuniše raskokodakanim ljudskim glavama. Iz vrata Komandature ispade Major. Videvši vojnike stade kao ukopan, a zatim se tiho povuče do stepenica, na kojima se dostojanstveno svetlucala figura Nadbiskupa.

Devojka je sva drhtala. Privukao sam je k sebi. Njene bujne grudi meko se ugnuše ispod prstiju. Privila se uz mene s poverenjem.

– Stoka – dobaci kroz zube – ah, kakva stoka! Šta bih dala da odavde pobegnem! Bežimo – pokrila je svojim rukama moje ruke. Prazan želudac me je mučio kao tesna, užarena cipela.

– To je sve zbog tih kuvara – obaveštavao je neko ispred nas – to su oni poslali Amerikance. Uzoholili su se kraj kazana! Nisu hteli da u podne puste Radio London. Ljudi im ispod prozora dižu galamu. A jedan, što kuva u prvoj kuhinji, bio je kuvar u logoru Alah, bacio je porciju krompira na ljude. Momci su se pobunili. Samo to treba da bude bez buke. Uhvatiti dok kažeš britva, zavrnuti šiju sotoni, antihristu, i tačka. Ali, može li se s poljskim narodom? – I zamislio se sumorno.

– Već su im dobro potprašili – neće se opasuljiti nedelju dana. Neće oni živi doći u logor, ja vam kažem.

Svi prozori u parteru bili su sasvim porazbijani. U osenčenoj unutrašnjosti soba vrzmali su se na gomilama razvaljenog nameštaja ljudi spasavajući što se spasti moglo. Od šlemova vojnika, koji su čuvali glavni ulaz u parter, odbijalo se sunce i zasenjivalo oči. Čekali su neodlučni dok su se automobili okrenuli prema kapiji.

Odjednom se iza vrata suprotnog krila kasarne pojavila zbijena grupa ljudi i otimajući se kao čopor pasa krenula preko praznog dvorišta pravo u Komandaturu. Pognute glave, kao bik koji bode, išao je napred zastavnik. Stefan mu je tapkao za petama. Držao je devojku oko pasa, koja mu se otimala s cikom. Neko je sa strane poskočio, uhvatio je za vrat, prodrmao i umirio. Ostali poskočiše i opkoliše i njih i ogromnog

Kolku, višeg za glavu od svih, koji je, udarcima noge, gonio čoveka u beloj kecelji, izvrćući mu ruku. Vojnici im poskočiše u susret.

Stega sam svoju devojku da je viknula. Povio sam joj glavu da je poljubim, ali ona se ljutito otela.

– Onda ništa, posle ručka – rekoh rezignirano i odgurnuvši gomilu ispadoh na čist prostor. – To su drugovi! – viknuh joj izdaleka. Uspela se na prste i podigla ruku prema licu, malo s čuđenjem, a malo kao da gleda s perona. Stigao sam momke trenutak pre nego što su nas opkolili vojnici.

– Ej, Tađo – zagrme nasmejani Kolka – uhvatili smo lopova. Otkrili smo vreću s mesom u kuhinji! A u sobi gospodina kuvara Nemicu u krevetu! Nije stigao da je izvede. Brže, stoko!

I gurnu kolenom gonjenog kuvara. Videvši vojnike kuvar vrisnu od bola. Vojnik pritrča Kolki, promrmlja nešto grlenim glasom i zamahnu kundakom. Ali nije udario.

Na stepenicama ispred Komandature, između Pukovnika i Majora, stajao je Nadbiskup i gledao nas blagim i umornim pogledom. Micao je usnama kao da se moli, ali Stefanu se učinilo da pita.

– Pa on je krao, oče, krao je hranu za Nemicu od svojih drugova! Krao je i činio preljubu! – viknu i sevajući gnevno otečenim i zakrvavljenim okom, gurnu devojku na stepenice da je pala na kolena. I ne daju nam da slušamo radio – dodade buntovnički. – Ne iz Varšave već iz Londona.

III

Urednička soba bila je lepo oblepljena tapetama s nežnim cvetićima. Od pravovernih stanara, oficira

SS, koji su ili pali na polju slave u bici kod kasarne, ili pobegli svojim porodicama, ili zauzeli naša mesta u Dahauu, ostao je samo solidan dvokrilni orman, koji nekim čudom nisu razbili auslenderi što su odmah posle oslobođenja iz logora upali u napuštene kasarne, razbili sve prozore, svećnjake, ogledala u kupatilima i umivaonicima, detaljno razmontirali filmske aparate, oštetili rentgen u bolnici, zapalili automobile, motocikle i topove u garaži. Pljačkajući municiju digli su u vazduh deo kasarnskog zida, polomili salonski nameštaj od mahagonija, koji je više padao u oči, i zagadivši do vrha klozetske šolje otišli pevajući nacionalne himne.

Bio je, dakle, orman, dalje kauč sklepan od nekakvih ostataka, pokriven imitacijom tigrove kože i pretrpan gomilom publicističkih knjiga, brižljivo odabranih iz smeća koje se nalazilo u dvorištu, jer je biblioteka, slično bolnici, apoteci, bioskopu i ogromnoj kartoteci, koja je sadržala legitimacije i fotografije više desetina hiljada esesovaca, bila pretvorena u prah i pepeo i izbačena na ulicu.

Sedeo sam šćućuren u uglu kauča, blenući u tamnu mrlju na zidu, koji je krasio odnekud isčeprkani Norvid, s bradom kao u evangeliste.

Iza odškrinutih vrata dolazio je iz hodnika zvuk kazana. Ovde, u oficirskim sobama, čak je i grunvaldski gulaš izdavan bez reda i bez kontrole. Svaki oficir je uzimao dva, tri tanjira kao rezervu za večeru. Jer sa hlebom je bivalo kako kad, najčešće trista grama. To je i za vojnike malo, a kamo li za oficire!

Urednik uđe unutra držeći u rukama dva puna tanjira, iz kojih se širio miris mesa. Tutnuo mi je jedan tanjir u ruke.

– Drži, jedi i rasti – reče kratko ali naglašeno. Usavršio je svoju dikciju, jer je bio malo gluv, a stanovao je s kapetanom, bivšim dopisnikom dnevnog lista iz Bjalistoka, gluvim kao top. Obojica su ispunili sobu nemirnim zujanjem kao nestašni bumbari.

Lagano sam potpoio kašiku u gulaš, pažljivo birajući meso. Više nisam bio tako stravično gladan. Povodom *Bitke kod Grunvalda* podelili su nam po litar krompira s mesom i sosom.

– Znaš da bih hteo da stanujem u sobi – rekoh Uredniku, koji je pomerio mašinu i matricu do prozora, zaseo za sto i mljackajući glasno jezikom živo se prihvatio jela – da bih moga da razmestim svoje knjige, da preko noći obesim pantalone u ormanu, i uopšte da spavam u krevetu. Biti sam u sobi – to je strašno prijatno!

– Ili udvoje! – huknu Urednik.

– S onim drugim? – napravih gadnu grimasu.

– Ne, s devojkom. Zbario si jednu iz transporta, video sam.

– Šta se čudiš? Valjda je već vreme posle logora? – Urednik je dospeo u logor iz ustanka, direktno od mlade žene. – Možda ću s njom pobeći na Zapad.

Odložio je kašiku i pogledao me ispod oka.

– E, pa, znaš – podsmehnu se – ti i bekstvo! Žutokljunče, zar bi ti bacio svoje pesme i knjige? Ne bi se bojao sveta? A kad bi morao malo da gladuješ?

Uvređen, odmaknuh tanjir. Okrenuh lice prema prozoru. U krhotinama razbijenog prozora sunce se račvalo u dugine, paunske bleskove.

– Ded, ne brini – Urednik ustade od stola i pomilova me po licu. – Kakvim si me stvorio, Gospode Bože, takav sam i postao. A jesi li bio u onoj povorci zbog mesa?

– Bio sam – progunđah mrzovoljno. – Mogli biste nešto o tome da napišete. To je senzacija!

– Prava senzacija se odigrava bez štampe, dragi moj. Uostalom sveštenik Tokarek ne bi dozvolio da se napiše. Pa mi smo vladin list!
Odlomio je parčence hleba i umočio u sos.
– A uspeo si da pobegneš?
– Vojnici su me pustili. S engleskim možeš svet da prođeš. Objasnio sam Amerima da ja s tim nemam ništa, da sam se našao slučajno, ispričao sam stvar. Klimnuli su glavom. Jedan mi je čak pružio ruku. Poznaješ Stefana? – upitao sam. – Bio je starešina bloka u šonungu.
– Komunista? Bio sam kod njega u bloku. Nije loš.
– Nitkov – odgovorih kratko. – Tukao je ljude, dodvoravao se esesovcima samo da bi postao starešina bloka i da ima traku. Kad su ga bacili u komando, išao je kao otrovan. Nije se kočoperio ni tri dana. To nije nikakav logoraš.
Urednik klimnu glavom. Nagnuo je tanjir i pio sos.
– Moglo bi se reći – reče otežući na vilenjski način, izmeću jednog i drugog gutljaja – da ga nisi mnogo voleo.
– Ali je umeo da se snađe, nema šta! Vikali su na njega da je komunista i bandit, a naročito Pukovnik. A on je rekao: tako je, tukao sam i krao za one tamo pukovnike i majore. Ali danas više ne bih tukao i krao. Pa makar crkli u logoru, još bih im i pomogao. Nastala je dreka, i da te bog sačuva!
– Ali ga nisu zatvorili, čuo sam.
– *First Lieutenant* mu je ostavio da bira: ili da leži u bunkeru, ili udaljenje iz logora. Nije mogao drukčije da postupi, jer je Nadbiskup slušao sve vreme. Stefan je uzeo devojku ispod miške, izvinio joj se i zajedno su izašli iz logora.

– Onako u prisustvu Nadbiskupa? Podlac jedan! Pa on je celu vojsku kompromitovao u njegovim očima. – Olizao je kašiku, obrisao tanjir hartijom, hartiju izbacio kroz prozor, stavio je tanjir u orman, dobro je orman zatvorio, osušio je usta maramicom, maramicu je metnuo u džep, mašinu koja je stajala kod prozora postavio je na svoje mesto i tada, spreman da pođe, izjavio:

– Ideš u pozorište. Imam dve karte. Januš je – to je bio onaj drugi, gluvi – otišao na bridž kod Konjičkog Kapetana. Stigao je neko iz drugog korpusa, možda će nas povesti u Italiju. Ali o tome – ćutac! Jer bi svi hteli. Igraju tamo karte. Ništa ih ne može pokrenuti: ni Nadbiskup, čak ni parada.

I izbacio me je napoje, oduzimajući mi knjigu iz ruku. Pri tom me je sumnjičavo osmotrio. Nije voleo kad su mu krišom iznosili štampane stvari. Pažljivo je zaključao vrata, pokucao je na susedna i zagnjurio se u dim koji je, uvijajući se kraj zatvorenog prozora, prekrivao sobu kao gusta vuna. Na prljavom podu stajalo je pored stolica nekoliko tanjira s nedojedenim gulašom. Verovatno su ga ostavili za uveče. Urednik je bacio ključ na sto i ne rekavši ni reči izišao.

U dvorištu su završavali pripreme za večernju logorsku vatru. Uneli su čvrstu, četvorougaonu lomaču, ojačanu smolastim panjevima sa strane, na stub koji je štrčao na vrhu nasađen je nemački šlem, a ispod stuba ukrštene su dve slomljene nemačke puške bez zatvarača. Oko lomače su stajale klupe, stolice i fotelje.

Mada su svi s napetošću očekivali logorsku vatru i večernji nacionalni program, svi stanovnici kasarne su, izuzimajući, naravno, one što su vršljali izvan zgrada, čuvali sobe od lopova ili bili u pohodima izvan logora, premestili se u garaže, u kojima je priređeno pozorište. Ispred zatvorene kapije stajala je gomila, psovala i preteći vikala, navaljujući na policajca opasanog nacionalnom ešarpom, s američkim šlemom od kartona. Policajac je raširenih ruku patetično branio ulaz.

– Ljudi nema mesta! Smilujte se ljudi! Dođite sutra! Sutra ćemo reprizirati *Grunvald!* Svako će videti! – vikao je promuklo, sve promuklije, dok nije zakreštao, zaćutao i spustio ruke.

Odgurnuli su ga od vrata, strgnuli mu i izgazili nacionalnu ešarpu. Gomila se bacila na kapiju. Jeknula je ali brave nisu popustile.

– Nemaju ni trunke inteligencije – reče razonođeni Urednik i povuče me na drugu stranu garaže prema malim vratima za glumce. Kad smo se uvukli iza pozornice i gestikulacijom obavili posao s policajcem, poslužiteljem u pozorištu, jasno sam osetio da sam i ja za trenutak bio oficir.

Smestili smo se odmah iza generaliteta, u drugom redu, na koji je još padalo žuto svetlo s pozornice. Ostatak uske, ali neizmerno duge sale tonuo je u crnoplavi mrak, iz kojeg su blistala oštro zagledana ljudska lica. Spolja su dopirali neprijateljski povici gomile koja je jurišala, i škripala su izvaljivana gvozdena vrata. Niko na njih nije obraćao pažnju. Svi su gledali na pozornicu.

Jer, evo, nasred bleštavo osvetljene pozornice, ukrašene crvenom i belom bojom i živim zelenilom i poduprte crnom kutijom klavira, koji je podrhtavao od patriotske melodije, stajala je, oblivena rumenilom kao na imendanu, Pevačica. Pozamašna plavuša u krakovskoj narodnoj nošnji, okićena vencem nezrelih ali već požutelih klasova. Prstima je pridržavala suknju i nevino uznosila poglede prema zavesi, tavanici, nebu.

Oko nje je zauzelo pozu nekoliko mladih ljudi u prugastim logoraškim odelima, koji su pridržavali vrpce njenog prsluka. – Nekoliko njih sam poznavao: bili su šrajberi u nadaleko čuvenom logoru Alah, prugasta odela su im bila kao salivena, morala su biti specijalno šivena, po porudžbini, još u logoru. Drugi, u radničkim kombinezonima, vrzmali su se iza zaleđa pozornice, vozili kolica i nosili oko Pevačice lopate, pijuke i poluge.

A sasvim napred, maltene na ivici pozornice, stajao je debeli strasni Glumac i pokazujući rukom na Pevačicu završavao stihove s patosom:

> u ime Bogorodice
> mi, Deca Tvoja, Poljsko, vojnici i radnici!

Strašan tresak izvaljene kapije i trijumfalan uzvik gomile koja je provalila u prepunu garažu slio se s ogromnom burom aplauza i histeričnom patriotskom drekom gledalaca. Kad se malo utišalo, a čaršav zavese se ponovo pomerio na jednu i drugu stranu da bi još jednom pokazao zarumenjenu Republiku i njenog ljubavnika Glumca, ushićeno zagledanog u nju, Urednik, koji se najzad nekako smesti na kraju klupe, nagnuo se u poverenju prema meni i glasno huknuo s iskrenim zadovoljstvom:

– Šteta što nisu postavili krevet na pozornicu! Zgodna je Republika! I privlačna!

IV

– Reci zašto ti sediš u ovom logoru? Zar te odavde ništa ne vuče napred? – Devojka se nežno nagnula iznad mene. Njene bujne grudi zanjihaše se ispod bluze. U njenim nemirnim, opalnim očima odražavao se moj mali ispupčeni fragment. Podigoh glavu i htedoh da je poljubim u vlažna, otvorena usta. Namrštila je obrve i odmakla se.

– Ne, nigde me više ne vuče – uzdahnuh lenjo i pospano se spustih na zemlju koja je mirisala na trule iglice. – Ti ionako voliš onog što je ostao u Poljskoj.

Poklopila mi je usta dlanom.

Iznad nas se uspinjala u nebo borova šuma i šumela je. Vetar je šuštao tarući se o koru drveća. Sunce, rascepljeno na vrhu bora kao pernata strela, palo je u dubinu šume i zarilo se u bledozelenu travu, koja je kao tanjušno zlato bila puna omamljujućeg mirisa leta. Od nje se širila očaravajuća toplota kao od ženskog tela. Zalutali bumbar, mali bombarder, zabrujao je iznad nas i seo na stabljiku divizme.

– Navaljuje proždrljivo u cvetnu čašicu kao čupavo štene u zdelu s mlekom – rekoh s prezirom.

– Bolje reći kao dete na dasku od prozora – primetila je devojka. – Ah, koliko sam ih ja morala podići! Mrzim decu! – uzviknula je. Uplašeni bumbar odlete s ljutitom zukom. Hajde – odlučila je odjednom. – Već je kasno. Gledaj kako su potamneli borovi. Je li to četiri? Pet? – Pogledala je uvis prema vrhovima borova zagnjurenim u lakoj bujici vetra. – O, kako je nisko sunce. – Podigla se na kolena, stresla ostatke iglica i popravila kosu.

– Hajde – nestrpljivo se podigla, odgurujući moje ruke. – Putuj sa mnom! Ah, putuj sa mnom! Ja se tako bojim Palestine!

Šumom je proticao asfaltni put zagaćen topolama. Njime su išli parovi, razgrejani i šaroliki.

– Vidiš, Nina – na kraju šume prekinuo sam ćutanje i uhvatio je oko pasa – tako žive Nemci. I ja bih hteo tako da živim, razumeš? Bez logora, bez vojske, bez patriotizma, bez discipline, normalno, ne za paradu! Da ne dobijam čorbu s kazana, da ne mislim na Poljsku.

– Eto vidiš – prihvati Nina – putuj sa mnom na Zapad. Ja sam zaista slobodna.

– A mladić u Poljskoj?

– Zaboraviću ga.

– Ali dosad nisi zaboravila?

– Nisam imala druge, pa nisam zaboravila.

– Nisi imala?

– Ti ljudi s kojima putujem iz Poljske – nastavila je malo kasnije s naporom – to su stranci. Mogu da se odvojim od njih. Otići ćemo u Brisel. Imam tamo sestru udatu za Belgijanca. Studiraću medicinu.

Asfalt je pržio pod nogama. Iznad glave su plovile kupolaste topole čiji su svodovi vodili čak do crvenih zidova i kasarnskih kula, a pošto su ih opasali zelenilom kao mostom, uspinjali su se, nalivajući se zlatom kao zrela jabuka, iznad krovova od šindre prigradskog naselja, koje je ružičasto svetlucalo kroz plavičasti dim vazduha kao kroz svileni šal.

– Nina, ostani sa mnom – rekoh iznenada. – Ja tu nisam niko i ništa, i probiću se. Imam drugova koji će mi pomoći, imam knjige koje teško mogu da ostavim. Skupljao sam ih onako, razumeš? Ja se bojim rizika, previše sam video smrti da bih dozvolio da me ubiju. Neka to urade drugi, zašto ja? Kakva ja imam prava? – Zaćutah tražeći u mislima prava koja mi pripadaju. – Nikakva! Razumeš, nikakva! – spustih glas i zagledah se u njeno lice kao da sam tamo tražio saosećanje. – Ako odemo odavde, niko nam neće dati da jedemo. Na svakoj raskrsnici mogu nas uhvatiti ovi crni majmuni u belim šlemovima i strpati u neki nepoznat logor u kome će nas satrti glad.

– Ja se ne bojim – reče hladno Nina.

– Ali nemati nigde tlo pod nogama! – Prekinuh tražeći sugestivnu metaforu. – Biti kao drvo bez korena!

– Dakle, vraćaš se u Poljsku! – konstatovala je devojka i napravila prezrivu grimasu kad sam želeo da se opravdam. – Heto si me samo za jedan dan, kao i svi.

– Svi – zviznuh kroz zube.

– Da, svi! – uzviknu. Spotakla se. Pridržah je za ruke. – Otela se snažno i neprijateljski. – Svi za koje sam Jevrejka! Vidiš ovo? – uhvatila je talisman u obliku pištaljke. Prsti su joj drhtali. Nisi me dosad pitao šta je to biti drukčiji od ostalih? To su Mojsijeve tablice, zapovesti na hebrejskom. To treba da me poveže sa Jevrejima. Ali ja nisam ni Jevrejka, ni Poljakinja. Iz Poljske su me izbacili. Prema Jevrejima osećam gađenje. Mislila sam da su to drugi ljudi. Ali ti nisi čovek, ti si samo Poljak. Vrati se u Poljsku! – viknu zlobno. – Vrati se u Poljsku!

– Vrati se u Poljsku! – Uplaših se glasa kao ptice koja naglo poleće.

U visokoj, zlatastoj travi blistala se kratko ošišana glava. Stefan se podigao sa zemlje i poklonio se devojci. – Vrati se u Poljsku – ponovio je. – Hajde sa mnom. Ja idem peške.

– Peške? Ti si silan momak – oduševio sam se tek reda radi. A gde je Nemica? – osvrnuo sam se sumnjičavo oko sebe.

– Otišla je u žbunje. Eto, otpratio sam je kući – prešao je rukom po kosi. – Zgodna devojka. Hoćeš li da pođeš sa mnom?

– Znaš, pošao bih, ali... – pokolebao sam se. Suknena uniforma mi je rasparivala celo telo. Stefan je zažmirio od bleska i posmatrao me ispod kapaka s otvorenim prezirom. Vrteo je u rukama suvu grančicu, koja se slomila krcnuvši.

– Knjižice, knjižice – osmehnu se gorko – to hoćeš da mi kažeš? I da ćeš biti gladan na putu? I kad se srede stvari? A ja ću ti reći: suknja te drži, burazeru. Ulovio si suknju, ulovio, a? – Zubi mu se zacakliše kao u psa. Stavio je dlan na pomodrelo oko. – Šta imaš tu osim te Jevrejke?

– Vratimo se u logor – reče Nina uzbuđena šapatom. – Vi ste, vi ste... – stisnula je pesnice. Podbradak joj je podrhtavao u grčevima. – Vi ste kao SS!

Stefan se jedva osmehnu. Nije obraćao pažnju na devojku.

– Logor je opkoljen Amerikancima – reče mi. – Hteo sam da uđem i uzmem ćebe. Nisu me pustili. Sutra će sve eksportovati! Sve!

– Ti si lud! I Pukovnika, i Majora? I ceo štab? A sveštenike, a kuhinje?

– Idi u logor pa ćeš videti – reče Stefan. – Čekam te u Poljskoj.

– Neće eksportovati, varaš se, pa danas je *Grunvald*.

– *Grunvald!* – Stefan se nasmeja i dodirnu svoje pomodrelo oko. – Tornjaj se s *Grunvaldom* – reče ironično i nestade u šumi bez pozdrava. Dodirnute jelove grane njihale su se za njim.

– Vratimo se u logor – reče Nina. Disala je teško kao riba izbačena na obalu. – Nema se kud, vratimo se. Možda će nam uspeti da se probijemo unutra.

– Sigurno ćemo uspeti – rekoh nekako suviše revnosno.

Uhvatih je ispod ruke i povedoh je duž puta. Privila se uza me. Micala je bezglasno usnama, kao da je nešto sebi govorila. Potok bicikala neprestano je tekao po dnu asfalta. – Nemci su koristili toplo letnje popodne. Na raskrsnici je sedeo čovek iz logora. Dva crvena kofera stavio je u hladovinu da se lak ne bi istopio. Pretraživao je po otvorenom rancu. Crveni fes, ukras muslimasnkih esesovskih jedinica, sliznuo mu je na uvo. Crna kićanka se njihala kad god je pokrenuo glavu.

Od logora pa sve do šume izvijao se u travi lanac ljudi. Znali su manje čuvane pukotine i prolaze i iskradali su se iz kasarne dok je još bilo vremena.

Ubrzasmo korak. Krošnje drveća su šumele kao da je šuma išla zajedno s nama. Kod grupe uvelog žbunja stajalo je nekoliko tenkova i uredno su, kao u manufakturnoj radnji, ležale poređane puške, artiljerijske granate i nemačke mine. Čuvao ih je američki vojnik, koji je dremao na vrućini.

Kraj puta, kolona kamiona okretala je prema logoru njuške svojih motora, uske kao u gladnih pacova. Čekali su sutrašnji dan. Između automobila vrzmali su se polunagi Crnci. Blistali su od oštrog, mrkog znoja kao da su poškropljeni bakrom. Dovikivali su nam kad smo pored njih prolazili, da bismo se, zašavši iza kasarne, probili u nju kroz razvaljenu kapiju zatrpanu šutom, klasično mesto za transport ovnova. Kraj rupe nije bilo nikoga, ali na ćošku, tamo gde je zid bacao malo hlada na spečenu zemlju, ispred nadstrešnice od ter-papira poduprte s nekoliko štapića, u dubini senke sedeo je vojnik i dremao. Položio je šlem u travu, pušku je ugurao između kolena, a podbratkom je dodirivao grudi. Na drugom ćošku stajala su dva vojnika u raskopčanim bluzama, glasno su pričali i častili se cigaretama.

Potpuno otkriveni stajali smo na livadi ispred kapije kao dvoje izgubljene dece pred kućom čarobnice.

— Pričekajmo do mraka — rekoh uznemiren — možda nas neće pustiti. Vratimo se u šumu.

Izvukla mi se ispod ruke, prskajući u kratak, prezriv smeh.

— Tako si ti žurio na *Grunvald,* i šta? Opet se bojiš? Pričekaj, mališa, hajde sa mnom.

I pre no što sam stigao da nešto kažem, da učinim bilo kakav pokret, devojka nestrpljivo popravi suknju, zateže blužu na bujnim gurdima i pojuri prema kapiji. Stigla je do ruševine i počela je da se penje na nju. Na vrhu joj je nalet vetra tesno pripio suknju uz bedra i raspleo kosu. Pridržala ju je rukom, nadirući protiv vetra. Okrenula je za trenutak prema meni ironično nasmejano lice. Viknula je ali je vetar iskidao njen uzvik na komade. Potrčah za njom i naglo stadoh. Podigoh ruku da joj skrenem pažnju, ali se ona okrenula, htedoh da viknem, ali sam ćutao. Dva vojnika, koji su se častili cigaretama, okrenuše se prema kapiji, a jedan od njih, skidajući pušku, viknu smejući se na sav glas:

— Fräulein, Fräulein! Halt, halt! Come here![1]

— Stop, stop! — viknu piskavo drugi.

Vojnik koji je spavao na drugom kraju zida neprisebno podiže glavu i ustade. Sagnu se, dohvati pušku, koja mu je izvirila između kolena, prisloni je uz rame, nagnu galvu udesno za jedan tren i...

Devojka odbrambenim pokretom podiže ruke prema grlu, kao da joj je odjednom ponestalo vazduha. Napravila je još jedan korak iza ivice nasipa i meko se spustila na njega kao da se okliznula na ciglu; nestala je iza ivice kao da je bačena dole. Iza nasipa, tamo gde je već bio logor, podigli su se glasovi, prešli u žagor, prerasli u viku. Dvojica vojnika, koji su, smejući se, vikali za devojkom, baciše opuške od ci-

---

[1] Gospođice, gospođice! Stoj, stoj! Dođite ovamo!

gareta, zgnječiše ih nogom i potrčaše na nasip. Pospani vojnik, onaj što je pucao, prebaci pušku preko ramena, s cevi okrenutom nadole, podiže šlem sa zemlje, otrese ga, stavi na glavu i zviždućući spontano, požuri takođe prema kapiji.

Laganim korakom krenuo sam na gomilu krša, prešao je na očigled sviju i spustio se kraj Nine.

Padajući otrla je obraz o ciglu. Na zgrčenu, vlažnu usnu, nabreklu svežom krvlju, sela je plava muva. Uplašena senkom, odletela je zujeći. Ispod usne mrtvo su se blistali beli zubi. Iskolačene oči zamutile su se kao stvrdnute pihtije. Ruke stisnute u grču, kao da su se digle u odbranu, ležale su teške na kamenju. Poslednji znak života, topla krv otužnog mirisa probijala se u vidu široke mrlje kroz bluzu, koja je čvrsto prianjala uz prevelike grudi i sušila se na ivicama kao rđa. Mali talisman u obliku pištaljke pomerio se na vratu u stranu, zanjihao se nekoliko puta na lančiću i ostao da nepokretno visi. Uklonio sam ispod glave i tela jedan oštar, neugodan komadić cigle, nežno odgurnuo kosu, smestio glavu na mek krečni pesak i, dignuvši se s kolena, brižljivo otresao pantalone od prašine. Iznad mene potamnelo je od kruga napregnutih i ćutljivih ljudskih lica. Teško sam se probio laktovima kroz gomilu koja se nerado uklanjala. Propustili su me i još se više zbili iznad tela.

U dvorištu su se dimile vatre ispod ostavljenih lonaca i porcija. Vetar je uvijao dim kao slamu i s pucketanjem ga izbacivao preko zida. Bačene s tavana daske za vatru bešumno kliznuše po vazduhu, zabeleše se u pozadini crnih prozora i padoše s prodornim treskom. Sa zemlje se podiže stub prašine, lagano se uvi iznad zemlje i pade. Iz ogromne daljine dolazio je do mene jednoličan, prigušen šum glasova, kao iza zida. Između stambenih blokova, sa ulice u kojoj su bili posađeni mladi platani, iza ugla garaže, iz koje su štrčali dugi nosevi topova pokriveni ceradom, iskočio je mali, smešni džip prepun vojnika, provukao se između drveća, zabrektao je ostavivši iza sebe ogroman kolut dima i prašine, utisnuo je točkove u zemlju i zaustavio se uz škripu kočnica.

– *What's happened?*[1] Zašto ljudi tako viču?

First Lieutenant nagnu se prema šoferu. Ovaj ravnodušno sleže ramenima. Začuđen pogledah oficira. U tišini koja nas je okruživala njegov glas je zazvučao oštro i neprijatno kao cepanje platna. Susrevši moj pogled oficir poče da trepće i malo stisnu usne. Izbacio je nogu iz auta i zanjihao njome oklevajući. Sunce je blesnulo i rascvetalo se na mrkoj izglancanoj cipeli. Dvojica vojnika s automatima na kolenima baškarili su se na zadnjem sedištu. Šofer se maši za džep, izvadi kutiju cigareta, strže obojeni omot, nagnu se pozadi i ponudi ostale. Zapališe. Delikatan tračak plavog dima promakao je pored lica i nošen vetrom nestao u vazduhu. Prišao sam, ne žureći, autu.

– *Do you speak English?*[2]– upita brzo First Lieutenant. Mrdnuo je neodlučno vilicom kao da uzima zalet i odmah poče da žvaće.

– *I do*[3]– klimnuh. Moj glas zahučao je u glavi kao u praznoj sali da sam se stresao. Gledao sam oficira ne kao čoveka već kao daleki, beznačajni predmet.

Gomila je tesno zaklanjala telo devojke, ali se okrenula od njega i gledala vojnike. U ušima mi je hučalo kao u slušalicama. Odjednom se zid ljudi pokrenuo i rasturio.

– *What's happened?* – ponovi malo oštrije First Lieutenant. Doticao je stopalom zemlju. Činilo se da

---

[1] Šta se desilo?
[2] Govorite li engleski?
[3] Govorim.

će iskočiti iz auta. – Ko je naneo nepravdu ovim ljudima? Zašto oni tako viču? Šta se desilo?

Vojnik s puškom okrenutom nadole iziđe iz gomile, a s njim su se probijala ona dvojica koja su tada pušila cigarete. Ali pre nego što je onaj koji je išao napred stigao da nešto kaže, obratio sam se oficiru.

– Nothing, sir.[1] Ništa se nije desilo. Ubili ste malopre devojku iz logora.

Poručnik skoči iz auta kao naglo oslobođena opruga. Njegovo lice, uzgred, izgubi svu krv i poblede.

– My God[2] – reče. Verovatno su mu usta odjednom postala suva, jer je, praveći grimasu, ispljunuo gumu. Ružičasta grudvica zacrvenela se u prašini puta. – *My God! My God!* – Uhvatio se za glavu.

– Mi ovde, u Evropi, navikli smo na to – odgovorih ravnodušno. – Šest godina su Nemci pucali u nas, sad pucate vi, u čemu je razlika?

Kroz tanku prašinu kao preko plitke reke, ne osvrćući se, teškim korakom otišao sam u kasarnu, svojim knjigama, svojoj starudiji, svojoj večeri, koju su već sigurno sledovali. Tišina kao naduvani balončić pukla je s praskom u ušima. Tek tad sam postao svestan da se nad telom devojke tesno okupila gomila i gledajući vojnicima u oči sve vreme neprijateljski skandirala:

– Ge-sta-po! Ge-sta-po! Ge-sta-po!

V

Vojnička sala ležala je u ruševinama. Na stolovima i na podu razbijene krhotine porcelanskih zdela belele su se na gustom mraku kao usahle kosti sa ko-

---

[1] Ništa, gospodine.
[2] Gospode bože.

jih su sastrugana vlakna. Slamarice svučene s kreveta nemoćno su visile prema zemlji kao da su bile ubijene. Iz ormana kao iz otvorenih, istranžiranih trbuha ispadale su krpe i zgužvane ležale na zemlji. Pod nogama su šuštale gomile poderanih, zgnječenih knjiga. U vazduhu je lebdeo plesnivi, podrumski, mrtvački zadah, kao da su se tre krpe, slamarice, krhotine i knjige, istrgane i porazbijane, i dalje raspadale.

Modri kvadrat prozora, noću otvoren, rascvetao se kao ogroman cvet u vidu crvene rakete. Pucali su s visokog tornja pored kapije. Blago svetlo bešumno je skliznulo niz prozor kao sveža krv. Senke se zanjihaše, zatitraše kao uzburkana voda i podigoše se uvis.

Koristeći svetlo zavirih u orman. Iz njega je bilo izvađeno sve što se moglo upotrebiti, ostatak je uništen. Na dnu lonca napipao sam preostale pahuljice od krompira. Zašuštale su pod prstima kao suvo, izmrvljeno lišće.

Raketa se slila na kolovoz, poskočila nekoliko puta, zablistala je jače u crvenoj boji i ugasila se. Nastade potpun mrak. Priđoh krevetu i pipnuh rukom. Prsti mi pređoše po oštroj slamarici. Ćebeta nije bilo. Ukrali su ga. U dubini sale neko se s jaukom pokrenuo na krevetu. Preleteo je nekakav prodoran odlomak šapata, a prigušen, isprekidan kikot rasplinuo se u naglom šuštanju slame. Tajac.

– Cigo! Cigo! Burazeru, jesi li to ti? – upitah s ogromnim olakšanjem. Krenuh od ormana i hvatajući se za krevete probijao sam se u dubinu sale. Razbijeno staklo zaškripalo je pod nogama. – Cigo, jesi li tu? – Zaustavio sam se nesiguran i napeto čekao.

– A gde bih bio kad me sve đavolski boli! – zaječa u mraku Ciganin. Slamarica je opet nemirno zašuštala. – Taj narod, šta je sve napravio! Šta sam ja sve doživeo! Nije bilo nikoga, niko nije otišao po jelo...

– Niko nije doneo večeru? – viknuh u očajanju. Osetih naglu, oštru glad. Naslonih se na sto. Napipah stolicu. Sedoh. – Nema večere – ponovih mahinalno. – A sutra transport i opet nam neće dati da jedemo.

– Nije bilo nikoga, niko nije čuvao – nastavio je plačljivo Ciganin grcajući u rečima kao u plaču. – Upali su u salu, sve su razbili, razgrabili. Gospodine Tadek, da ste videli, da ste samo videli, srce bi vam valjda puklo. Vaše knjige su iskidali, gospodinu Koli uzeli cigarete. Poljak Poljaku. O, Bože dragi, smiluj nam se. I meni su uzeli cipele. Jedva sam odelo odbranio. Držao sam ga pod glavom.

– Nije trebalo da jedeš sirovu ovčetinu, pa bi se i ti danas nakrao. Spremaju se momci za transport, nije čudo što kradu – rekoh ironično.

– Srpemaju se, spremaju se, dabogda im na nos izašlo – opsova Ciganin šmrcajući. – A gospodin Urednik je došao i uzimao knjige iz vašeg ormana. Rekao je da se vi verovatno nećete vratiti, pa je šteta da se ostavi. Njemu će dobro doći, jer je otišao gospodinu generalu Andersu.

– Urednik? Što mi je davao čorbu? Otišao? Ipak je otišao! Bez mene! – Opet osetih glad.

– A gospodin zastavnik sedi u bunkeru i gospodin Kola sedi u bunkeru – nastavio je monotono Ciganin. Crvena se raketa ponovo raspalila na modrom nebu, pored nje su procvetale zelene, narandžaste i žute, pa su se zajedno u buketu slile na zemlju. Crno lice Cganina prevuklo se mrtvačkim, neonskim svetlom kao živom i zapalo u mrak. – I rekli su da će gospodina zastavnika i gospodina Kolu za kaznu poslati u Poljsku.

– Pa Kolka je hteo da putuje u Italiju – uzviknuh iznenađen. – Eto oni će se u Poljskoj sresti sa Stefanom. On će ih već ocinkariti.

— A gospodinu zastavniku su razbili ormarić, uzeli mu foto-aparat i novac. O, Bože, Bože... Meni su podmetnuli...

— Ne laži, ne laži, šugavi Ciganine, jer ću ti opet razbiti njušku... Sam si ukrao novac. Krišom si gledao kad je tata skrivao — odazva se odozdo zastavnikov sin. Krevet zaškripa od njegovog besa.

— O, uspelo vam je da se vratite? — obradovah se učtivo. — Tatica se brinuo za vas.

— Nek se tatica brine za sebe, kad je glup da se bije — progunđa zastavnikov sin. — A ja ću se snaći. Nisam glup i neću da krenem s transportom u Poljsku — dodade s omalovažavanjem.

— Jeste li nešto doneli?

— Doneo sam — odgovori — ali ne ovna. To je lepše od ovna. Čujte. — Pročeprkao je, a iz mraka se probila gnevna ženska cika. — Švabicu sam kupio. Provukao sam je kroz rupu. Poznati kauboji su bili na straži.

— Ala vi imate sreće — uzdahnuh ljubomorno.

— I vi biste mogli da imate kad biste se malo prošetali. A vi samo sedite nad knjigama. Samo neće doći. Važno je da to bude danas.

— A sutra? Kad će biti transport?

— O sutrašnjem danu govorićemo sutra — poslednja reč se izgubila u zevanju. — Momci se neće dati.

— Tako mislite?

— Već se spremaju za odbranu — uveravao me je. — Tamo — mahnuo je rukom prema dvorištu osvetljenom raketama — prave *Grunvald*. Ali mi pravimo bolji. Koliko samo momci imaju brauninga. A granata, a pušaka, a automata! Šta mislite da su za *Grunvald* samo raketni pištolji? Kad se postave dva teška mitraljeza na tavan, kad ospu... Šta, Ameri neće pobeći?

Podigao se s kreveta kao da je hteo da ustane. Ali je samo omotao ženu ćebetom sve do čuperka svetle, paperjaste kose, spustio se s uzdahom na krevet i stavio ruku ispod ćebeta.

Nebo je poigravalo u svim bojama. Fontana raketa plovila je kroz vazduh, padala je u vidu užarenih kapljica na dno tame, rasprskavala se na nebu. Crveni krov kasarne avetinjski se prelivao u bojama na pozadini nepokretnog neba, koje se svaki čas punilo modrim sokom.

– Priređuju *Grunvald* – rekoh zastavnikovom sinu. – Sutra je trebalo da ga ponove. Pazite da je sutra ne nađu, bila bi šteta.

– O, to mi je velika briga – glas mu je malo drhtao, kao da je bio zadihan. – A neka je uhvate. Je l' mi ona potrebna, šta li? Možda ću s njom otići do momaka, pa ćemo sedeti na tavanu. Tamo ima takvih skrovišta da ih ni đavo ne može naći. Kad završe akciju, izići ćemo, i tako, do sledećeg puta!

– Navodno transport treba da ide u Koburg – odazva se Ciganin. – Kako ću ja poći kad sam ovako bolestan? Možda me neće uzeti? Vi znate engleski, pa zamolite kauboje, gospodine Tadek!

Ležao je otkriven i disao teško kao životinja koja lipsava. Upro je u mene oči u kojim se odražavao sjaj raketa. Na crnom upalom licu one su neobično blistale, kao da su fosforizovane.

– Šta ti zamišljaš da ću ja da se bavim lopovima? Šteta što te nisam udavio kad smo putovali u Dahau, pa sad ne bih imao briga – rekoh s prezirom. Zastavnikov sin se zakikota i pomeri na krevetu. – Ja sâm moram da se sakrijem od transporta. Posle će mi biti lakše da dobijem neku funkciju u logoru, na primer, nabavljača ili sekretara – dodadoh mirnije. – Jer šta drugo da se radi?

– Idite na *Grunvald* – posavetovao me je zastavnikov sin – a kad se završi, odspavaćete ovde. Jer ja idem da kuvam meso.

Ustao sam od stola i gazeći po knjigama dospeo do vrata. Odjednom su se otvorila s druge strane i iz crne noći hodnika zatreptalo je u svetlosti žute rakete oštro, tamno lice s poluotvorenim ustima. Raketa je skliznula dole, a blistave naočari nalile su se ružičastom, bledom svetlošću.

– Profesore, to ste vi! – viknuh histerično. Dovedoh ga do stola.

– Tražili ste me?

Profesor je još uvek bio u tirolskom odelu. Po belim kolenima, izretka obraslim crnim dlakama, promicale su obojene senke, obuhvatale su bavarsku košulju, uspinjale se po licu i preko tavanice bežale napolje.

– Tražio sam – reče Profesor. – Pa trebalo je da budem kod vas. Postarao sam se da dobijete dobro mesto kraj logorske vatre. Odmah će početi. Gde ste bili toliko dugo?

Lupio se po kolenima. Mašio se za džepić. Zgužvana, izmrvljena cigareta prošla mu je kroz prste i užarila se u ustima u vidu bledog plamena, naterujući crvenilo u usne i ostavljajući slab refleks u pukotinama lica.

– Doista ne znam gde sam bio – rekoh tiho. Spustih glavu i zagledah se u pod. Na zemlji je ležao poderan drvorez iz knjige o herojskim, veselim, hvalevrednim avanturama Ojlenšpigela, na kome je bila devojka nagih grudi, koja kod zida svira na gitari. Negde sam bazao po logoru. Zar to nije svejedno? Trebalo je da pazim na društvene manire? Ovde! Uoči transporta? Ionako se sutra više nećemo videti.

– Zemlja je mala! – povika Profesor. Uvukao je dim od cigarete. Paperjasti kolut dima zablistao je ružičastom potrbušinom i isturivši modri hrbat spljoštio se ispod tavanice. – Naravno da ćemo se sresti. Ako ne na ovoj, onda na drugoj livadi – vratio se svojoj omiljenoj misli. – Samo... – odjednom se skamenio u pola reči. – Ubili su je – reče trenutak kasnije, odbacujući opušak – ubili su je kod kapije. Pošla je u šetnju.

– Ta vaša susetka?

– Ta što je doputovala iz Plzenja. Moja susetka iz kuće. Kad sam odlazio u septembru, bila je još dete. Često, ranije, kupovao sam joj kolače. Znate, bili su neki sa kremom. S jagodama na vrhu. – Pogledao me je u oči da se uveri da li se sećam. – Družio sam se s njenim ocem – dodade objašnjavajući mi. – A sad, vidite – udari me rukom po ramenu – kakva sisata ženska! Već sam je skoro imao u šaci, već sam je pipkao, i kakva nesreća...

Mašio se opet za džep. Uporno je čeprkao po njemu. Nije ništa našao. Uzdahnuo je duboko i naslonio glavu na ruke.

– Kakva nesreća! – ponovio je kao da je pospan. – Šta da se radi? – Poćutao je, klimao glavom. – Hajdemo na *Grunvald!* – odlučio je.

– To sam ja bio s njom. Bio sam s njom u šumi – rekoh iznenadivši sebe samog. – Ubili su je kraj mene. A vi mi o *Grunvaldu*...

Skožih s kreveta. Profesor podiže glavu, pokrenu se teško kao da je izlazio iz vode, zatetura se i uhvati me za ruke. Mrki jelen, utistnut na kaišu koji je povezivao tregere, drhtao je u svetlosti raketa kao da je živ. Na koščatom Profesorovom licu svetla su se mešala i nalivala, crena boja se mutila sa zelenom, zajedno su išle prema vrhu, doplovljavale su do tavanice, na njihovo mesto izlivala su se ružičasta, plava i žuta svetla i taložila se ispod brade, u uglovima usta, ispod očiju, u udubljenjima ušiju, kao boja na portretu. Profesorovo lice treperilo je svim duginim bojama, bubrilo je iz sredine, oticalo, obrazi su se nadimali kao stakleni, raznobojni baloni, kao da se Profesor gušio od svetla. Odjednom je ispustio vazduh sa zviždukom i razjapivši usta riknuo od gromkog, bučnog smeha.

– Ha, ha, ha, ha! Ha, ha, ha! – gušio se neko vreme od smeha, stiskajući mi sve jače ruke, a svetlo mu je odmah grunulo u otvorena usta i uskomešalo se u raznim bojama.

– Profesore, prestanite! – viknuh otimajući ruke iz stiska. – Vi ste poludeli!

– A ja sam mislio da ću danas spavati s njom. Pripremio sam večeru. Čak sam dobio čaršav! Ha, ha, ha! A vi ste s njom! Mladosti! Mladosti! – Tresao se celim telom od smeha, velik, mršav, grozno šaren od boja. – Pa to je bila neka obična! Ja sam je hteo! Ha, ha, ha, ha!

Naglo se zateturao, jako zakašljao i pognuo se prema zemlji, krkljajući. Cela sala, ispunjena svetlima, njihala se kao brod. Šarene slamarice, stolovi, zidovi, tanjiri, knjige, prelivali su se u bojama i kružili kao bleštave lopte.

– Vidiš, Profesore – odazva se iz ugla zastavnikov sin – nije trebalo da se zaljubljuješ pod starost. Nisi dobio devojku već tuberkulozu. Nećeš videti *Grunvald*. Lezi, lezi, čumo jedna – dodade nestrpljivo, a krevet zaškripa. – Vrti se kao da joj je neko nasuo smolu.

– *Grunvald, da Grunvald!* – Profesor se ispravi. Lice mu se prevuklo meduzinim sjajem, ugasilo se s poslednjom raketom i posivelo kao ugašeni pepeo. – Hajdemo svi na *Grunvald!*

Napolju, u mraku koji je ugasio rakete, buknuo je naglo riđi plamen, polizao crne prozore kao pas što se umiljava i zanjihao sobom mrak kao zvono. Senke drveća izdužile su se čak iznad krovova i lelujale su se kao sveće.

– Hajdemo svi na *Grunvald!* – zakrešta Profesor. Povuče me do prozora. – Vidite! Vidite! – vikao je nestrpljivo. Okrenuo se prema sali. – Hodite svi – reče kao da moli. – Dovedite i devojku, neka i ona vidi. – Nagnuh se kroz prozor. U crnoj zdeli dvorišta, oko drhtavog balona lomače u plamenu, koja se, razbijena vatrom, razvejavala kao griva zahuktalog konja, stajala je ćutljiva gomila. Bleskovi vatre klizili su po licima i zasićivali je krvlju, koju je odmah isisavala tama. Suve daske su gorele s praskom, a varnice su odletale u mrak. Svetlo raketa je umuklo.

– Jeste li bili u crkvici u nemačkom naselju? Niste? – Profesor je već došao k sebi. Govorio je ozbiljno, skoro strogo. Njegovo lice, zastrto mrakom, ponovo je postalo oštro i umorno. – Ja tamo idem svaki dan. Mirno je. Puno Boga. Prosto se preliva. Mala predikaonica, na prozorima rešetke, mali oltar, sentence iz Biblije na zidovima. A kod jednog zida krstovi, na krstovima smrtovnice, sve sami esesovci! Shvatate li? A cveća ispod krstova prava poplava! – U njegovim očima goreo je riđi blesak vatre. – Tako Nemci odaju poštu svojim umrlim. A mi? – progunđao je sa žaljenjem. – Nikog živog nije briga kad čovek crkne.

Zastavnikov sin ustade iz kreveta i nag došljapka do prozora. Devojka u spavaćici kretala se za njim tiho kao duh. Crni Ciganin se oslonio na lakat i zavidljivo gledao u prozor.

– Mi? – ponovio je Profesor zamišljeno. – Mi smo tu kraj njih. Mi... Gledajte! – viknuo je krvožedno – gledajte vatru! To ja čekam, to je *Grunvald*.

Na lomaču je bačeno još svežih jelovih grana. Vatra se ugasila. Dunuo je gust, prljav dim. Vetar je odbio dim, plamen je suknuo pod nebo. Iz gomile je iskrsnuo sveštenik u mantiji. Beli okovratnik mu je zatezao riđi vrat. Sveštenik podiže obe ruke kao da blagosilja. Negde iz dubine mraka izvukoše čoveka u esesovskoj uniformi. Šlem sa zveketom pade na beton u dvorištu. Gomila prsnu u smeh. Čoveku ponovo nabiše šlem na glavu. Sveštenik ga uhvati za ruke, povuče s naporom i uz povike gomile gurnu u vatru.

Lice devojke koja je stajala pored mene posive kao pepeo. Njene oči kao dva ugarka, žarile su se od užasa. Ugasile su se, pokrivene kapcima. Grčevito je zarila u mene prste.

– *Was ist los*[1] – prošaptala je stiskajući zube. Umirujući je pomilovah je po hladnoj ruci. Utisnula se u mene celim telom. Od nje se širio miris, udarao je u nozdrve i prodirao u telo. – *Was ist los?* – njena se usta iskriviše. Odgurnula je kosu sa čela.

– *Ruhig, ruhig, Kind*[2] – reče blago Profesor. – To gori esesovska lutka. To je naš odgovor za krematorijume i za crkvicu.

– I za mrtvu devojku – zarežah kroz zube.

Mašio sam se rukom nazad. Toplo telo devojke tesno se pripilo uz mene i drtalo od uzbuđenja i straha. Disala mi je pravo u vrat zaparnim, vrelim dahom.

Pred gomilu istupi Glumac, debeo, mali, obasjan bleskom kao crvenim plaštom i dok je sveštenik bacao u vatru stalno nove lutke, koje su se kao polivene naftom raspadale u stubu plamena i uvijale se kao da

---

[1] Šta se desilo?
[2] Mir, mir, dete.

su žive, on je podigao ruke uvis, utišao bučnu gomilu i jednim gestom ruke razdvojio je duž široke ulice, podigao glavu prema mračnim krovovima kasarne i dao znak.

Buknuše rakete. Nebo se upalilo kao božićna jelka, prsnulo bengalskim vatrama i padalo u vidu kapljica na zemlju. S tavana se oglasiše dugi rafali mitraljeza. Dimni meci išli su u pepeljastim linijama preko neba kao jata divljih gusaka. Gomila obuhvaćena požarom raketa zasijala je s celim dvorištem, koje se kovitlalo i kružilo kao mehur od sapunice gonjen vatrom.

– Nek mrtvi sahranjuju mrtve – reče zamišljeno Profesor. – Mi, živi, idemo s živima. – Njegovi obrazi utonuli u tiganj raketa opet otekoše i nabubreše. Odjednom se Profesor po drugi put grohotom nasmeja:

– Živi sa živima! Ha, ha, ha, ha! Ha, ha, ha, ha! Živi sa živima! Tako kao i oni, zauvek! Gledajte!

Pružio je ruku prema sali koja je tonula u mutnom mraku. Ispod njene senke kao ispod ogromne ljuske napola otvorene oštricom vatre, između kamenih zidova zgrada zamazanih senkom drveća, dvorištem bivših esesovskih kasarni u kome su na godišnjicu bitke kod Grunvalda bacali na lomaču slamene lutke vojnika iz SS jedinica, uoči transporta koji je trebalo da sve uništi i bespovratno raseje ljude, potmulo, besno udarajući takt po betonu, išao je Bataljon – i pevao.

REČNIK

abgang – odlazak; rastur, manjak, otpisani logoraš, npr. usled prelaska u drugi logor ili smrti
arbajtscajt (Arbeitszeit) – radno vreme
arbajtskomando (Arbeitskommando) – radna grupa, ekipa
auslender (Ausländer) – stranac

bauer – seljak, ratar
buksa – krevet od dasaka na kome je obično spavalo po nekoliko logoraša
Buna – osvjenćimska fabrika IGF (Industrie-Gesellschaft Farbenindustrie), dobila je ime od naziva za veštački kaučuk
bunker – podzemna ćelija za kažnjene logoraše

cugang (Zugang) – logoraš novajlija, koji je došao iz poslednjeg transporta; takođe znači: transport

DAV (Deutsche Ausrüstungswerke) – nemačka fabrika vojne opreme, koja je radila za nemačke oružane snage
dahdeker (Dachdecker) – krovopokrivač
durhfal (Durchfall) – proliv, dizenterija

efektenkamera (Effektenkammer) – magacin sa stvarima oduzetim od novodošavših logoraša
efektenlager (Effektenlager „Kanada") – sektor logora u kome su se nalazili magacini sa stvarima koje su oduzete od novodošavših logoraša

FKL (Frauenkonzentrationslager) – ženski koncentracioni logor

fleger (Pfleger) – logoraš-bolničar u logorskoj bolnici
forarbajter (Vorarbeiter) – predradnik, starešina manjeg komanda

Generalni Guverman (Generalgouvernement, GG) – administrativno-politička jedinica koju su formirale okupacione vlasti od poljske teritorije koja nije priključena Rajhu, sa sedištem u Krakovu
glajsbauer (Gleisbauer) – kolosečni radnik

kameradšaft (Kameradschaft) – drugarstvo
Kanada – v. efektenlager
kapo (cappo) – starešina, šef radne grupe, komanda; ovu dužnost su obavljali logoraši
KB (Krankenbau Birkenau) – zatvorenička bolnica u Birkenauu
komando (Kommando) – radna grupa, ekipa
komandofirer (Kommandoführer) – esesovac starešina radne grupe, komanda
krajshauptman (Kreishauptmann) – okružni načelnik
kreca (Krätze) – šuga
krankenbau – logorska bolnica

lagerarct (Lagerarzt) – logorski lekar, esesovac
lagereltester (Lagerältester) – zatvorenik koji je vršio dužnost nadzornika, starešine logora; najviša funkcija u logorskoj hijerarhiji
lagerfirer (Lagerführer) – starešina zatvoreničkog logora, oficir SS
lagerkapo – kapo logora; zatvorenik koji je neposredno odgovarao starešini logora – lagereltesteru
laufer (Läufer) – kurir

„muzelman" – izgladneli, fizički i psihički potpuno iscrpljen logoraš, živi leš, živi kostur

nahtvaha (Nachtwache) – dežurni u noćnoj smeni

oberšarfirer (Oberscharführer) – podoficirski čin SS, odgovara približno činu starijeg vodnika oflag (Offizierslager) – logor za oficire, ratne zarobljenike u Nemačkoj za vreme Drugog svetskog rata

pipel – dečak-logoraš koji je obavljao dužnost poslužitelja, posilnog

post – esesovac-stražar

postenketa (Postenkette) – stražarska kula

prominent – logoraš, predstavnik tzv. logorske aristokratije, obično čovek bez ikakvih moralnih skrupula

puf (Puff) – javna kuća, burdelj u logoru

rajhsdojčer (Reichsdeutscher) – građanin Rajha, pravi Nemac

rolvaga (Rollwagen) – kola, kolica

SDG (Sanitätdienstgehilfe) – pomoćnik sanitetske službe, esesovac

SK (Strafkompanie) – kažnjenička četa

stalag (Stammlager) – zarobljenički logor za obične vojnike i podoficire u Nemačkoj za vreme Drugog svetskog rata

šonung, šonungsblok (Schonungsblock) – teoretski gledano blok za tzv. rekonvalescente

šrajber (Schreiber) – pisar u bloku, logoraš

šrajbštuba (Schreibstube) – pisarnica, logorska kancelarija

trougao – v. vinkel

trupenlazaret (Truppenlazarett) – vojna bolnica

unteršarfirer (Unterscharführer) – podoficirski čin SS, odgovara približno činu podnarednika

vahman (Wachman) – stražar

vahmanka – stražarka, žena stražar

vašraum (Waschraum) – umivaonica, prostorija za umivanje

velika postenketa (Grosse Postenkette) – veliki lanac stražara koji je pokrivao teren oko logora i funkcionisao u toku radnog dana zonderkomando (Sonderkommando) – specijalni komando koji je radio u krematorijumu

vinkel (Winkel) – trougao na grudima i na nogavicama pantalona (npr. zeleni trougao obeležavao je kriminalce, crveni – političke zatvorenike, a crni – zatvorenike internirane zbog skitnje, nemorala i sl.)

PRIČE BOROVSKOG IZ GASNE KOMORE

„Izvolite u gasnu komoru", da, tim žestokim iskazom uvedeni smo u svet priča Tadeuša Borovskog. Njegova žestina izražava podjednako ironiju i patnju, nemoć i pobunu, očaj i osobeno milosrđe. U tim krajnostima se odigrava čovekova sudbina, koja se opet može jedino ispričati naoko bezdušno, naizgled s krajnjim nabojem imoralizma, onako ko bi to učinio neki mrtav čovek. Tu je istinska glad već sam pogled na nekog drugog dok jede. To je jedini oblik milosti, dopustiv, ne reći drugom da odlazi u smrt, i ne tek bilo koju, nego užasnu, jezovitu. Istovremeno, navedeni iskaz je istorijska činjenica. To je vid, recimo, učtivosti koji se mogao sresti među logorskim stražarima i njihovim nesrećnim pomagačima među žrtvama, zaduženim za prljav posao, kad su navodnom srdačnošću skrivali tajnu da vas u kupatilima neće oblivati voda nego će vas gušiti *ciklon B*, otrovni gas za istrebljenje vaški i ljudi.

A pripovedanje? Samo pripovedanje je dospelo do svoje granice, do međe gde biva jasno da nema načina da izrazi ono što se dešava, a da to ne bude uvek istim rečima, istim gestovima, kao kad izražavate nešto nevažno i prolazno. Posle svega, ipak vam ne ostaje mnogo. U stvari, ostaje vam muka što ste još živi, i jedinu snagu koju nalazite u sebi jeste nedostojna nada da nas ima previše da bismo svi nestali u gasnim komorama, da nema gasnih komora u dovoljnom broju za sve. I ta nada, naravno, apsolutno je nazasnovana. Kad čitate priče Tadeuša Borovskog, onda to nedvosmisleno znate. One su protiv rastuće „kulture amnezije".

Ono što za književnu logorologiju, u slučaju sovjetskog Gulaga, posebno za logore smrti na Kolimi, u najsevernijim i najledenijim zabitima Sibira, predstavljaju priče Varlama Šalamova, u slučaju nacističkih logora i najzloglasnijeg među njima, istrebljivačkom logoru u Aušvicu, takvu ulogu nezaboravnog pripovednog svedočanstva o zlu i modernom paklu igraju priče Tadeuša Borovskog, poljskog pesnika. Mogli bismo reći da je kruna tog upečatljivog književnog poduhvata, sa ovom knjigom, konačno u rukama srpskih čitalaca. Dugo je ovaj besprekoran prevod *Oproštaja s Marijom* lutao među ovdašnjim izdavačima. Onda je stigao i do *Reči i misli*, među dela gde mu je suđeno mesto. Bilo je to prošle godine, 2001, i kao da je tek tad samopregorni prevodilac, vrsni polonista, mogao da odahne. Pre nego što smo *Oproštaj s Marijom*, evo, uspeli da objavimo, Uglješa Radnović je preminuo. Ali, njegov Borovski sad će biti doveka s nama.

Tadeuš Borovski rođen je 1922. godine u Žitomježu, u to doba u sovjetskoj Ukrajini. Oba roditelja, Poljaci, morali su da izdrže proganjanje. Otac, knjižar, bio je žrtva prvih sovjetskih čistki. Zatvoren 1926. godine, poslat je u radni logor u Murmansku i bio na prinudnom radu, na prokopavanju danas već po zlu čuvenog Belomorskog kanala. Majka je, 1930. godine, tokom takozvane kolektivizacije, deportovana na reku Jenisej, u Sibiru. Za to vreme Tadeuš je boravio kod svoje tetke, a tek ga je međunarodni Crveni krst, zajedno s bratom, doveo u Varšavu, gde se pridružio ocu, razmenjenom za zatvorene komuniste. Dve godine kasnije pridružila im se i majka. Poljska je bila u krizi i otac je radio kao fizikalac u nekoj robnoj kući. Tadeuš je učio kod franjevaca. Kasnije, u vreme nemačke okupacije, tajno je pohađao alternativni varšavski univerzitet. Prvu zbirku pesama objavio je 1942. godine. Kao aktivista otpora, zapravo prilikom tajnog sastanka mladih poljskih intelektualaca, gde se raspravljalo o knjigama, uhapšen je 1943. godine, zajedno sa svojom verenicom Marijom

Rundo, po kojoj je i naslovio svoju knjigu, objavljenu 1947. godine. Prilikom hapšenja, pri sebi je, da bi ironija bila potpuna, imao negativnoutopijski roman Oldosa Hakslija *Vrli novi svet*. Oboje su poslati u koncentracioni logor. Borovski je u logoru smrti bio do 1945. godine, većim delom u Aušvicu, kao politički zatvorenik pod brojem 119 198, a potkraj u Dahauu. Posle oslobođenja radio je za poljsku vladu. U Berlinu je bio ataše za štampu u poljskoj ambasadi, i tada je oduzeo sebi život, ugušivši se gasom u kuhinji, baš u vreme kad mu se rodila ćerka, 1951. godine; nije napunio ni dvadeset i devet godina. Njegova smrt je nesumnjivo vezana za neprebolno iskustvo iz Aušvica koje ga je mučilo. Osim *Oproštaja s Marijom*, kao i niza pesama koje evociraju logorski pakao, Borovski je ostavio za sobom i zbirku priča *Kameni svet* (1948) čija glavna tema je takođe iz autorovog ličnog logorskog iskustva.

Ličan doživljaj, međutim, nije zaveo pripovedača da u opisane događaje unosi svoju emociju. Njegova vizija, lišena patetike, neposredna i surova, stoga nam se može pričinjavati kao da u sebi ne sadrži nikakav moral. Utoliko priče, izbegavajući svaki alibi metafore, deluju ubitačnije, a njihov moral je duboko skriven, i nepobitan, jer je moral književnog svedočenja, takoreći s one strane dobra i zla, koji putem svojevrsnog ćutanja probija granice izrecivog i uvodi nas u samo središte zločina, ne kao slučajne pojave, nego bezmalo kao antropološke konstante. Borovskom, koji je preživeo, bilo je do bola jasno da nikakav moralni angažman koji se prsi, nikakvo metaforisanje, nikakva imaginacija, ne pomažu da se dočara Aušvic. Svaki drugi put bio je, po Borovskom, laž, laž, nazivali je književnom ili kako god drukčije. Nema metafore za Aušvic, kao što ni Aušvic nije metafora za nešto drugo. Ono što se dešavalo u logorima smrti jeste samo to, i jeste neuporedivo. U tome je strahota. Tamo pepeo znači samo pepeo, dim samo dim, gas i plamen samo gas i plamen. I to je Borovski uspeo da nam jezovito dočara. U tome je snaga njegovog pripovedanja. Moral tog svedočenja mogao bi ovako da bude formulisan: *Preživeli smo, premda nismo bili ni bolji ni gori od onih koji su umrli. Ali, nećemo da mrtvi i njihova patnja umiranja budu izgubljeni u zaboravu.* Otuda ove priče i moraju da budu čitane. Potiču iz samog srca svih razloga zašto se piše. Ko ih čita, posle njih neće biti isti.

SADRŽAJ

Oproštaj s Marijom 5
Dečak s Biblijom 41
Dan u Harmencu 53
Dame i gospodo izvolite u gasnu komoru 83
Kod nas u Aušvicu... 105
Ljudi koji su išli 147
Smrt ustanika 163
Bitka kod Grunvalda 179

Rečnik 227
Priče Borovskog iz gasne komore 231

Izdavačko preduzeće
RAD
Beograd, Dečanska 12

*

Glavni urednik
NOVICA TADIĆ

*

Grafički urednik
MILAN MILETIĆ

*

Lektor i korektor
MIROSLAVA STOJKOVIĆ

*

Nacrt za korice
JANKO KRAJŠEK

Digitalizacija slova
DARKO STANIČIĆ

*

Za izdavača
SIMON SIMONOVIĆ

*

Štampa
Jovan, Beograd

CIP – Каталогизација у публикацији
Народна библиотека Србије, Београд

821.162.1-32

БОРОВСКИ, Тадеуш

Oproštaj s Marijom / Tadeuš Borovski ; [s poljskog preveo Uglješa Radnović]. – Beograd : Rad, 2002 (Beograd : Jovan). – 235 str. ; 21 cm. – (Reč i misao ; knj. 526–527)

Prevod dela: Pożegnanie z Marią / Tadeusz Borowski. – Tiraž 500. – Rečnik: str. 227–230. Priče Borovskog iz gasne komore : str. 231–234.

ISBN 86-09-00771-5

1. Радновић, Углјеша

COBISS-ID=97287692

www.ingramcontent.com/pod-product-compliance
Lightning Source LLC
Chambersburg PA
CBHW060654100426
42734CB00047B/1764